Otto Lasius

Das Friesische Bauernhaus in seiner Entwickelung

während der letzten vier Jahrhunderte

Otto Lasius

Das Friesische Bauernhaus in seiner Entwickelung
während der letzten vier Jahrhunderte

ISBN/EAN: 9783743643079

Hergestellt in Europa, USA, Kanada, Australien, Japan

Cover: Foto ©ninafisch / pixelio.de

Weitere Bücher finden Sie auf **www.hansebooks.com**

QUELLEN UND FORSCHUNGEN
ZUR
SPRACH- UND CULTURGESCHICHTE
DER GERMANISCHEN VÖLKER.

HERAUSGEGEBEN VON

B. TEN BRINK, E. MARTIN, W. SCHERER.

55. HEFT, 1. THEIL.

DAS

FRIESISCHE BAUERNHAUS

IN SEINER ENTWICKLUNG

WÄHREND

DER LETZTEN VIER JAHRHUNDERTE

VORZUGSWEISE IN DER KÜSTENGEGEND ZWISCHEN DER WESER
UND DEM DOLLART.

VON

OTTO LASIUS

GROSSHERZOGLICH OLDENBURGISCHEM OBER-BAUDIRECTOR A. D.

MIT 38 HOLZSCHNITTEN.

STRASSBURG.
VERLAG VON KARL J. TRÜBNER.

LONDON.
TRÜBNER & COMP.
1885.

QUELLEN UND FORSCHUNGEN

ZUR

SPRACH- UND CULTURGESCHICHTE

DER

GERMANISCHEN VÖLKER.

HERAUSGEGEBEN

VON

BERNHARD TEN BRINK, ERNST MARTIN, WILHELM SCHERER.

LV, 1.
DAS FRIESISCHE BAUERNHAUS.

STRASSBURG.
KARL J. TRÜBNER.

LONDON.
TRÜBNER & COMP.
1885.

DAS

FRIESISCHE BAUERNHAUS

IN SEINER ENTWICKELUNG

WÄHREND

DER LETZTEN VIER JAHRHUNDERTE

VORZUGSWEISE

IN DER KÜSTENGEGEND ZWISCHEN DER WESER
UND DEM DOLLART.

VON

OTTO LASIUS

GROSSHERZOGLICH OLDENBURGISCHEM OBER-BAUDIRECTOR A. D.

MIT 38 HOLZSCHNITTEN.

STRASSBURG.
KARL J. TRÜBNER.
—
LONDON.
TRÜBNER & COMP.
1885.

Und dieses Völkchen sollt Ihr billig kennen,
Das Land wohl kennen, dem es angehört,
. . . .
. . . .
. . meerumrauscht und stark umwallt
. . . .
Ein Land von Äckern, Gärten, Wiesen,
Das Land der alten tapfern Friesen.

   1819.   Goethe.

Vorwort.

Als ich im Jahre 1823 von Oldenburg als Bauconducteur nach Jever versetzt wurde, überraschte mich die in den Marschgegenden der friesischen Nordseeküste heimische Bauart der Bauernhäuser, sowohl durch die Kühnheit ihrer Construction, wie durch den mässigen Verbrauch an Holz und Stein.
Bisher war das von Justus Möser in seinen patriotischen Phantasien idyllisch geschilderte sächsisch-westfälische Bauernhaus mir als ein Ideal erschienen, und als ich nach und nach lernte, in allen Stücken die Berechtigung, ja manche Vorzüge der friesischen Bauweise anzuerkennen, fühlte ich sofort das Bedürfniss, die Kunde davon im übrigen Deutschland zu verbreiten. So wie ich jedoch der verschiedenen Abweichungen inne wurde, welche im Laufe der Zeit in der weiten Ausdehnung der friesischen Bevölkerung, von der Zuydersee bis zu den nordfriesischen Inseln und Schleswig stattgefunden hatten, namentlich auch wo die einzelnen Friesenstämme an westfälische, sächsische, angelnsche, wendische und dänische Nachbarn grenzten, fand ich es schwierig, die wünschenswerthe Uebersichtlichkeit zu erlangen. Wie das Bessere häufig des Guten Feind ist, verschob ich das genauere Studium auf gelegenere Zeit, und als ich später von Jever nach Oldenburg zur oberen Leitung des Landesbauwesens berufen wurde, trat jene geschichtliche Studie mehr in den Hintergrund: doch verlor ich sie nicht aus den Augen.
Einen besonderen Antrieb sie wieder aufzunehmen, gab mir 1847 die Versammlung der Land- und Forstwirthe in

Kiel, die an ihre Mitglieder eine von dem Rector Lütgens in Rendsburg zusammengestellte 'Charakteristik der Bauernwirthschaften in den Herzogthümern Schleswig und Holstein, in 40 Tafeln' vertheilen liess, und hoffte ich hier für meine Zwecke ein reiches Material zu finden.

Es gelang mir indessen nicht, die verschiedenen Einflüsse zu entwirren, welche die ursprünglichen Bauformen je nach den Besonderheiten der Bodenbeschaffenheit, des Vorherrschens von Ackerbau, Viehzucht, Milchwirthschaft etc., so wie nach den Volksgewohnheiten, bei der Anordnung der Räume ausgeübt haben mochten, und nahm ich das zurückgelegte Studium erst wieder zur Hand, als in den letzten Jahren das deutsche Haus in Zeitschriften und Brochüren mehrfach besprochen wurde.

Meistens aber geschah dies nur nach völkerschaftlichen Abgrenzungen, selten mit Rücksicht auf Klima, Boden und das zur Verfügung stehende Baumaterial, oder, wie in Gladbachs 'Schweizer Holzstyl', fast ausschliesslich in letzter Beziehung. Immer blieb die friesische Bauart unberücksichtigt, höchstens rief diese, wie bei A. Meitzen und R. Henning, nur die Klage hervor, dass darüber fast nichts bekannt sei.

Diese Lücke auszufüllen, wollen diese Blätter versuchen und zu weiterer Vervollständigung anregen.

O. L.

Verzeichniss der Abbildungen.

Fig. 1. Ein Verbindt als Grundlage der friesischen Scheune in $1/_{200}$.
a. Gulf oder Fach. b. Dreschdiele. c. Kuhstall. d. Grope.
e. Hille. f. Rimm oder Sparrsohle.

Fig. 2. Jeversches Bauernhaus älterer Bauart für mittlere Landstellen, etwa von 1750 bis 1830. Maassstab 1 : 400.

Fig. 3. Krongut Upjever, 1551 erbauet; in 1 : 400. Das Wohnhaus ist um 1870 verändert, die Scheune aber in ihrem ursprünglichen Zustande erhalten.

Fig. 4. Krongut Alt-Marienhausen im Jeverlande; Rest des zu dem von Fräulein Marie von Jever um 1570 auf neu eingedeichtem Lande erbaueten Lusthause gehörigen Vorwerks; vermuthlich gegen Mitte des XVIII. Jahrh. in dieser Weise angelegt, als der mit Wällen und Graben umgebene Herrensitz zugleich ein, etwa 1820 abgebrochnes Amthaus einschloss.

Fig. 5. Mittelgarms; es sind mehrere solche Vorwerke auf den von 1598—1660 vom Grafen Anton Günther im Nordwesten Jeverlands, im Busen der ehemaligen Harle eingedeichten Lande angelegt.

Fig. 6. Osterseefeld, ein von demselben Herrn auf den seit 1642 aus dem Jadebusen eingedeichten Ländereien, theilweise nach Butjadinger Muster erbauetes Vorwerk.

Fig. 7. Norderseefeld. Entwurf zu einem in derselben Gegend nach heutigen Verbesserungen oder Ansprüchen zu erbauenden Pachtgebäude.

Fig. 8. Fischerhaus von der Insel Spikeroog, von 1746. Ansicht und Grundriss.
    a. Hausflur mit 2 Ausgängen. b. kleine c. grosse Küche und Stube. d. Pisel. e. Geräthekammern. f. Stallung. g. Herd u. Oefken. h. Bett- u. Schrankverschläge.

Fig. 9. Kleines Häuslingshaus (Schleusenwärterwohnung am Hunte-Ems-Kanal).

Fig. 10. Rickelhausen, alter Herrensitz unweit Jever; 1559 erbauet 1861 abgebrochen. Frühere Ansicht, wie sie vor dem gänzlichen Abbruche noch ermittelt werden konnte, Grundriss mit Andeutung der dem Herrensitze später angefügten Wirthschaftsgebäude.

Fig. 11. Fischhausen rossdienstpflichtiger Rittersitz. 1578 erbauet, in $1/600$; die nächste Umgebung in $1/3000$.

Fig. 12. Scheep, desgl. 1582 erbauet.

Fig. 13. Pfarrhaus zu Waddewarden, (Kreuzhaus oder Krüsselwark in $1/1000$. Ist theilweise noch vor der Reformation erbauet.

Mit Ausnahme der Vignetten zu Fig. 8 und 10 sind alle Figuren constructionsgemäss und nach Maass, Fig. 2 bis 10 in $1/400$ aufgetragen.

DAS FRIESISCHE BAUERNHAUS.

Durch Justus Möser ist das sächsisch-westfälische Bauernhaus weithin zur Anerkennung gelangt, in dessen Räumen Menschen und Vieh in friedlicher Nähe bei einander wohnen.[1] — Bekanntlich bildet dessen vorderer, durch ein weites Thor geöffneter Theil des Hauses die Scheune, in deren Mitte die Dreschdiele zu allen wirthschaftlichen Verrichtungen dient; an beiden Seiten liegen die Stallungen, der Segen der Ernte ruht auf dem starken Gebälke über der Diele; in dem die ganze Breite des Hauses einnehmenden Hintergrunde brennt auf niedrigem Herde ein immer unterhaltenes Feuer, das allem häuslichen Verkehre als Mittelpunkt dient, auch den Feuerungsreichthum des Landes ebenso, wie das starke Ständerwerk den Holzreichthum bekundet; einige Stuben am hintern Giebel sind für besondere Fälle vorbehalten.

Wie mannigfach die Aenderungen auch sein mögen, durch welche diesen Grundbedingungen in den verschiedenen Gegenden Niedersachsens und Westfalens im Laufe der Jahrhunderte, je nach der durch die Bodenbeschaffenheit bedingten Kulturart, nach den bäuerlichen Gewohnheiten oder dem persönlichen Bedarf des Bauern, im Einzelnen entsprochen ist, die Stammverwandtschaft wird bei einer Grundrissvergleichung der verschiedenen Bauernhäuser sich sofort erkennen

---

[1] Vergl. Justus Möser's patriotische Phantasien. Bd. III. Nr. 36. Berlin, F. Nicolai 1778.

lassen (Man sehe z. B. bei Henning, Das Deutsche Haus, Strassburg 1882, Fig. 12 bis 18, oder Allmers, Marschenbuch, Oldenburg 1875, Seite 183, Meitzen, Der Boden und die landwirthschaftlichen Verhältnisse des Preussischen Staats, II, S. 130 ff. und andere Quellen.).

In den friesischen Marschen, an den Küsten der Nordsee haben andere Bedingungen eine gänzlich verschiedene, bis jetzt nur wenig bekannte Einrichtung hervorgerufen. Die Gegend liefert gar kein Steinmaterial und nur wenig Bau- und Brennholz; sogar der in den westfälischen Niederungen reichlich vorhandene Torf wird in den Marschdistricten nur stellenweise und nur durch schwere Arbeit gewonnen, daher das Feuer des Herdes auf das äusserste eingeschränkt, auch Wohnhaus und Stallung gegen eindringende Kälte sorgfältig geschützt werden. Das von dem seetüchtigen Volksstamme meistens von der Ostsee bezogene Bauholz und der ausschliessliche Ziegelsteinbau fordern, zumal bei dem nur sparsam vorhandenen Brennstoffe zu grosser Einschränkung im Materialverbrauch auf; Annäherung an holländische Sitte und Schiffergewohnheit führen zu strenger Sonderung und reinlicherm Abschluss der Gebiete für Menschen und Vieh; auch erhalten Pferde, Rindvieh, Schweine etc. getrennte Räume — dennoch bleibt Alles unter einem Dache vereinigt.

Die wahrscheinliche Heimath der hier als friesisch bezeichneten Bauart ist in der sub A anliegenden „Skizze der von Friesen bewohnten Nordsee-Marschen zwischen dem Dollart und der Weser" zu suchen; weiter westwärts macht ein grösserer, dem holländischen nahekommender Reichthum sich geltend, während ostwärts theils die aus den Deltabildungen der Weser nach und nach zusammengewachsenen Marschen, theils die zerstörenden Wasserfluthen des 13. und 16. Jahrhunderts, endlich der hohe sandige Landrücken zwischen Weser und Elbe der Ausbildung friesischer Bauart ein Ziel setzten. Nur am Rande jenes Landrückens blieb in Osterstade, Land-Währden, Land-Wursten etc. friesischen Volksstämmen einige Gelegenheit zu Ansiedelungen, die erst in Nordfriesland und an der schleswigschen Küste sich mehr entfalten konnten.

Der wesentliche Unterschied zwischen beiden Bauarten ist, dass der friesische Bauer von vornherein auf den freien Blick über den gesammten inneren Hausraum verzichtete, der ihn

A.

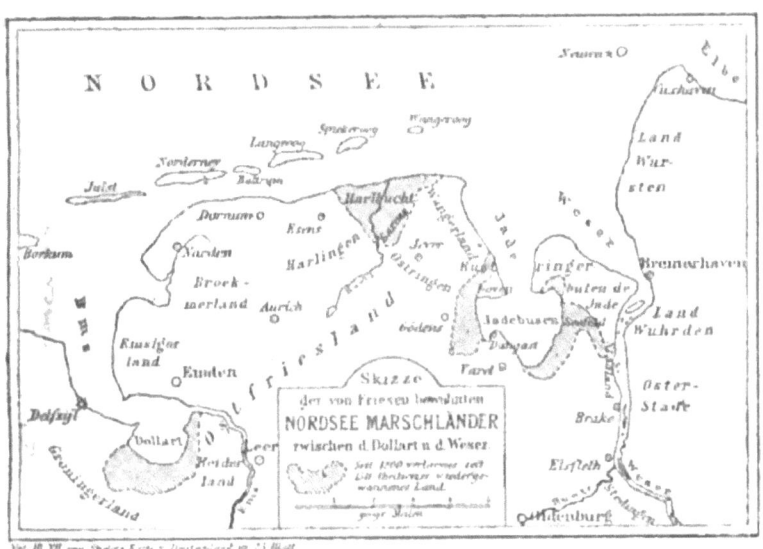

genöthigt haben würde, die Last seiner Ernte einem oberen Gebälk aufzuladen; vielmehr zimmerte er eine Art Feimengerüste, mittelst dessen die auf dem festen Erdboden lagernde Ernte auf leichteste Weise überdacht werden kann.

Werden je 2 und 2 aufgerichtete Balkenjoche oder Verbindte (Fig. 1) in der Weise oben mit einander verbunden, dass die vom ersten zum zweiten hinüberreichenden Verbindungshölzer als Sparrsohlen dienen können, so entsteht als Grundlage der ganzen Scheunenconstruction das **Vierkant**, im Volksmunde an der Nordsee gewöhnlich **Fach** genannt; in Nordfriesland und in schleswigschen Bezirken kommen dafür auch die Namen 'Gulf, Boos und Loh' vor. Es ist dies ein grosser kubischer Raum, dessen Maße sich gemeiniglich nach den gangbaren Arten des Bauholzes richten, und welcher bei 8—10 m Sparrenweite, 6—7 m Ständerhöhe und etwa 6 m Abstand der Verbindte, 3—400 cbm zu fassen pflegt. Je nach der Grösse der Landstelle wird die Zahl der Vierkante bestimmt, welche der Scheunenraum halten soll,

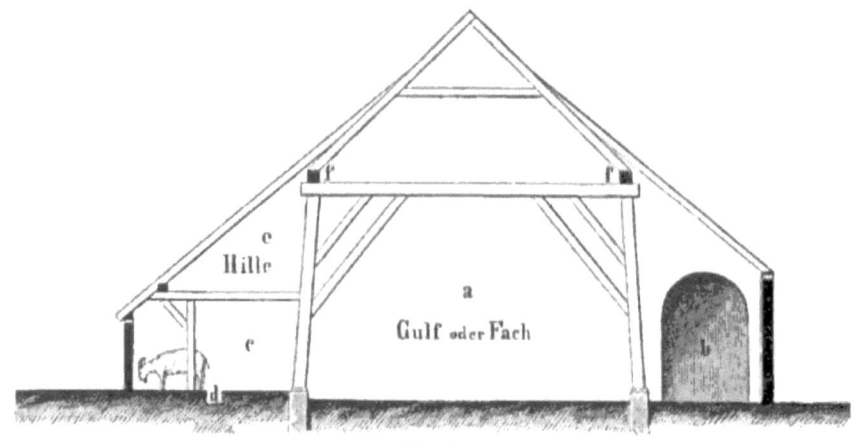

Fig. 1.

und passt sich demnach die Bauweise den kleinsten wie den grössten Verhältnissen an.

Als durchschnittliches Beispiel der Ausnutzung der friesischen Bauweise mag in Fig. 2 ein Bauernhaus mittlerer Grösse und von der im Jeverlande in der zweiten Hälfte des vorigen und der ersten des laufenden Jahrhunderts vorzugsweise angewendeten Bauart aufgestellt werden, und darf man annehmen, dass in dieser Form der altfriesische Kern sich ziemlich rein erhalten habe. In dem seit 1514 mit Oldenburg vereinigten, bis dahin von einzelnen Häuptlingen beherrschten Butjadingerland annoch Probemuster friesischer Bauart aufzufinden, ist bis hiezu nicht gelungen; die sog. Steinhäuser der Häuptlinge sind mit diesen verschwunden und im 17. und 18. Jahrhundert haben Wassersnoth, Seuchen, Mäusefrass u. dergl. eine Menge früher reicher Landstellen dem Verfalle nahe gebracht. Das Original zu Fig. 2 war ein zu Rickelhausen unweit Jever gehöriges Vorwerk, das bei dem Neubau eines, dem gesammten Wirthschaftsbetriebe aller Rickelhauser Ländereien entsprechenden Gebäudes um 1861 abgebrochen ist. Die Scheune desselben enthielt zwei Fache; ein drittes, in der Regel mit einem halben, zu dem sog.

Hammfach verbundenes Fach bildet den Pferdestall, und wird ein über diesem angelegter Boden als Haferboden benutzt. An der einen Seite der Fache wird die Dreschdiele, an der andern der Kuhstall angelegt und werden beide durch

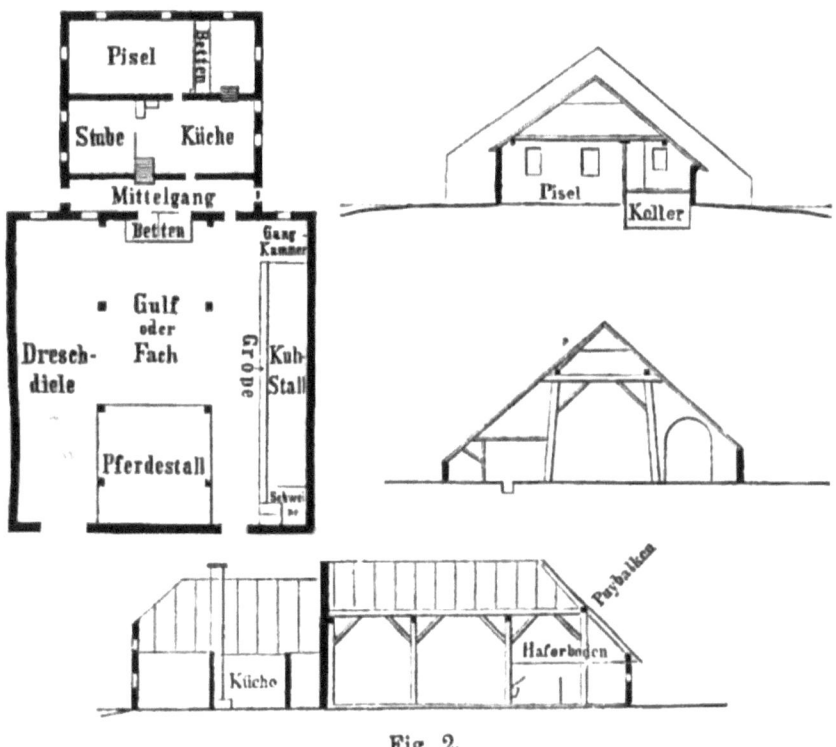

Fig. 2.

sogenannte Auflanger überdacht, — lange Sparrhölzer, die auf den Hauptsparren abgeschärft und auf denselben mit eisernen Nägeln befestigt werden; unten werden die Füsse der Auflanger durch leichte Mauern senkrecht unterstützt. Da diese von obenher nur eine mässige Last zu tragen haben, kann einem nachtheiligen Seitenschube dadurch vorgebeugt werden, dass eine Senkung der Hauptsparren und ihrer Sparrsohle durch festere Gründung der Verbindtständer verhütet wird, welche die Last des ganzen Daches und den Druck des auf dessen grosse Fläche mächtig wirkenden Windes auf die immer nur sehr kleine Grundfläche zu übertragen haben.

Am Hammfache wird dem Seitenschube des dort gewöhnlichen Walmdaches dadurch gewehrt, dass die mit ihrem Fusse auf der Hammfachsmauer ruhenden Walmsparren, etwa in ihrer halben Länge eine Stütze auf dem 'Puybalken' finden, der in dem Hammfachsverbindte um soviel höher liegt, als die Sparrsohle oder das 'Rimm' austrägt.

Auch die Stellung des Viehes ist eine andere, indem der sächsich-westfälische Bauer demselben unter den niedrigen Abseiten des Hausdaches eine Streu bereitet, welche liegen bleibt, bis sie für den grossen, vor dem Hause lagernden Düngerhaufen reif ist; gefüttert wird das Vieh von der Viehdiele aus. Der friesische Bauer stellt dagegen sein Vieh mit dem Kopfe nach der niedrigen Seitenwand des Hauses, theils damit dasselbe das, von hinten her zwischentretend, ihm vorgeworfene Futter nicht so leicht verstreue, theils um den frisch fallenden Dünger reinlicher in einer, hinter dem Vieh angelegten gemauerten oder ausgebohlten Rinne zu sammeln, welche „Grope" genannt und täglich gereinigt wird; auch behauptet man, dass das reinlich und mit den Hinterfüssen stets scharf auf der Kante der Grope stehende Vieh, von hinten sich besser präsentire.

Ueber die Vorzüge der einen und anderen Kopfstellung sind, namentlich an der östlichen Grenze Jeverlands, die Meinungen getheilt und findet man auch wohl das Vieh mit dem Kopfe nach dem Futtergange gewendet; dann aber wird hinter demselben für die Grope und den Karrengang dahinter, etwas mehr Raum erfordert und dennoch ist die Hintermauer bei der grossen Nähe der Grope, nie ganz reinlich zu halten; eine Rücksicht, welche je weiter westwärts, desto entschiedener vorwiegt.

Ueber dem Kuhstalle wird auf einem leichten „Hillegebälk" soviel Rauhfutter untergebracht, als zur Warmhaltung des Viehes im Winter nöthig ist.

Die vierte Seite des Scheunenvierecks gehört dem Wohnhause, „Binnerende" genannt, dessen Seitenmauern etwas eingerückt werden, um für die seitwärts anzubringenden Fenster der Küche und der Stuben mehr Höhe unter der in gleicher Neigung über dem ganzen Gebäude fortlaufenden

Dachfläche zu gewinnen. In der Eintheilung der Wohnräume herrscht, je nach der Grösse der Landstelle und den persönlichen Bedürfnissen der Bewohner einige Mannigfaltigkeit. Sind letztere mässig, so begnügt sich der Bauer mit einfacher Ausnutzung des fortgesetzten Fachraums der Scheune, erhöhet den Fussboden um eine oder einige Stufen und legt über den Stuben in der Höhe der Seitenmauern seinen Kornboden an, ja wenn der Getreidebau grösser, werden auch zwei Böden übereinander angelegt und die Mauern demgemäss erhöhet. Die Trennung des Wohnhauses von der Scheune geschieht durch einen massiven Brandgiebel; längs desselben führt gewöhnlich ein „Mittelgang" quer durch das ganze Haus, der die Verbindung der Wohnräume mit der Scheune, hier mit dem Kuhstalle, dort mit der Dreschdiele vermittelt und an jedem Ende in's Freie führt.

In der Eintheilung der Wohnräume pflegt die Viertheilung vorzuherrschen, so dass an die, zugleich als Gesindestube dienende Küche mit geschlossener Herdfeuerung sich die Wohnstube, die grosse Stube oder „Pisel"[1] und der Keller mit der Kellerstube und der Käsekammer anschliessen; die Anordnung der Schlafräume richtet sich nach den Umständen.

Gewöhnlich enthält die Wohnstube zwei feste Bettstellen (Butzen) für die Wirthsleute; das Gesinde schläft meistens am Rande des Scheunenraums, die Knechte bei den Pferden, die Mägde bei den Kühen oder in der Nähe der Küche, auch wohl auf der Kellerstube. Statt des Aufenthaltsorts in der Küche wird auf grösseren Landstellen dem Gesinde wohl eine sog. Volksstube angewiesen, doch ist hierin der Gebrauch verschieden; auch isst in grösseren Häusern das Gesinde nur noch selten mit den Wirthen, wie es sonst allgemein Sitte war.

Ueberhaupt hat der Lauf der Jahrhunderte mancherlei

---

[1] Nach v. Richthofen (altfries. Wörterbuch 1840) ist Pisel ein heizbares Frauengemach, französ. poêle, poisle, mittellateinisch pisalis; in Niedersachsen, Ditmarschen, Nordfriesland, für grosse Stube, wie „Dörns" für kleine Stube in Gebrauch.

Aenderungen gebracht. Während bis zum 17. Jahrhundert wie für die Scheune, so auch für das Wohnhaus eine Dreitheilung mit grösserem Mittelraum und minder grossen Abseiten vorherrschte, bei welcher der den Hauptwohnraum bildenden Küche die Mitte eingeräumt wird und der Herd nach holländischer Weise mit dem Schornstein in der Giebelmauer seinen Platz findet, sonstige Räume aber rechts und links sich dem Mittelraum anschliessen, liessen in der Folgezeit die schon erwähnten Landplagen manche Einschränkung auch in den Bauten Platz greifen; es schrumpfte zuweilen sogar die in Figur 2 dargestellte Bauweise soweit ein, dass das Wohnhaus fast nur als Anhängsel der viel grösseren Scheune erschien, gleichwohl aber der damaligen Aufgabe genügte. Der Brandgiebel ward nur im untern Theile massiv, im oberen von Ständerwerk und Dielen aufgeführt; der beschränkte Dachboden des kleinen Wohnhauses genügte für Lagerung der mässigen Kornmengen, welche damals gebaut wurden; als aber die Nothstände nachliessen und in den Kriegsjahren zu Ende des Jahrhunderts die Kornpreise stiegen, mehrte sich der Ackerbau; die Wohnhäuser wurden mehr auf Kornböden eingerichtet; die Figuren 2 und 4 mögen dies näher erläutern. Neuerlich kehrt man auf grösseren Landstellen, bei eigener Bewirthschaftung durch die Besitzer, wohl zu der älteren Dreitheilung des Wohnhauses zurück. Vergl. Fig. 5.

Eins der ältesten und jedenfalls das grösste der jeverschen Wirthschaftsgebäude ist das in dem Upjeverschen Holze belegene Krongut U p j e v e r, das 1551 erbauet und bis 1870 wesentlich in dem in Fig. 3 dargestellten Zustande erhalten ist. Da der nahe Forst den Bedarf an Hölzern lieferte, sind dieselben in grosser Stärke von Eichen- und Tannenholz genommen, die mächtigen Dimensionen und das tief herabgeführte Dach machen das Haus dunkel; auch sind sonstigem Gebrauch entgegen und wahrscheinlich in Folge veränderter Benutzungsweise der ausgedehnten Ländereien wie des Gebäudes, z w e i Dreschdielen q u e r durch den Raum gelegt. Ursprünglich war die Vierkant-Construction der Scheune durch das Wohnhaus fortgesetzt, im Laufe der Zeit ist die Ein-

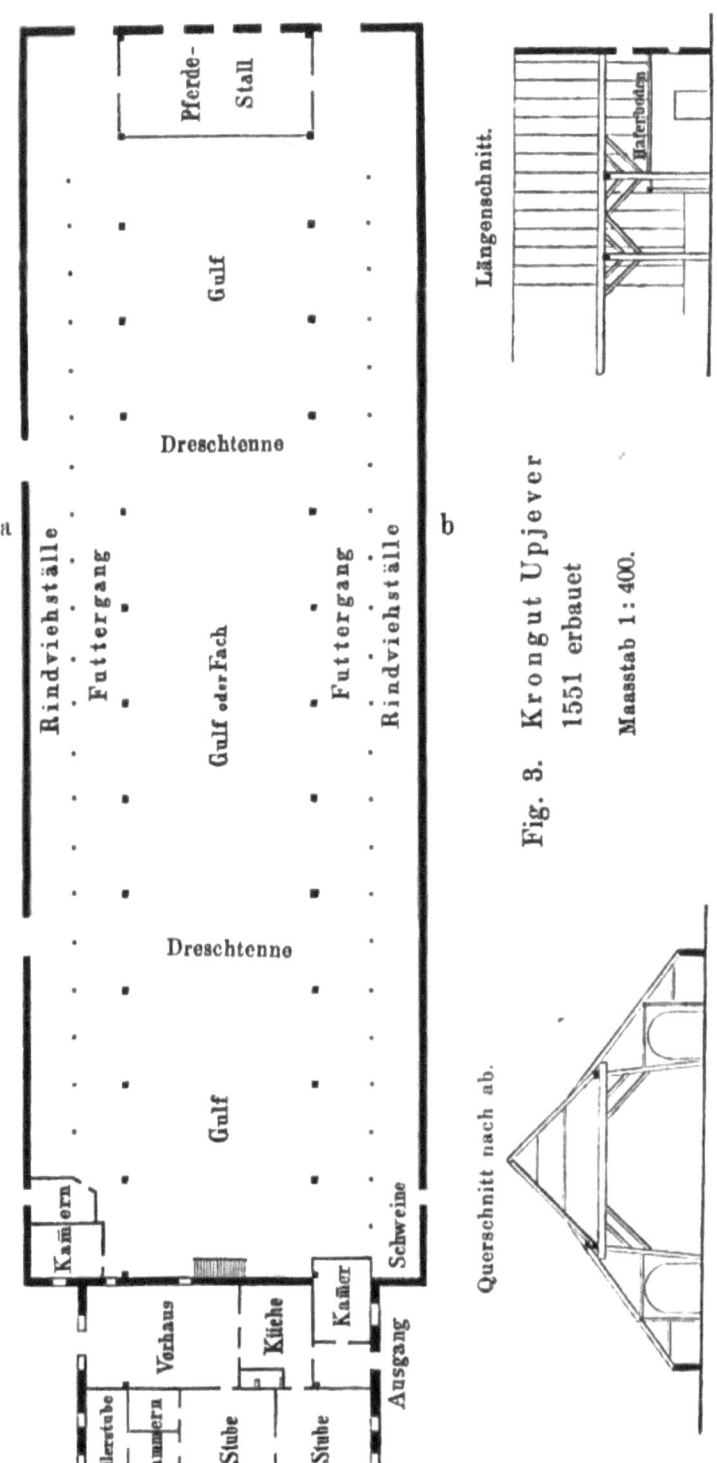

Fig. 3. Krongut Upjever 1551 erbauet. Maasstab 1:400.

theilung der Wohnräume mehrfach geändert, neuerlich auch die in Fig. 3 noch dargestellte Einfachheit der älteren Bauart durch Neubauten gänzlich aufgehoben, die Scheune jedoch ist fast unverändert geblieben.

Fig. 4. Alt-Marienhausen.

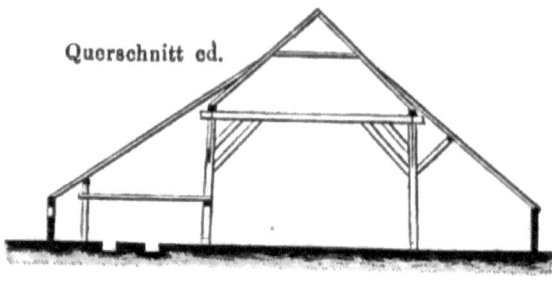

Querschnitt cd.

Oestlicher Giebel.

Nördliche Seitenansicht.

Das in Fig 4. dargestellte Krongut Alt-Marienhausen ist der Rest der Wirthschaftsgebäude, welche zu dem Lusthause gehörten, das Fräulein Marie v. Jever um 1570 auf dem an der Made eingedeichten Lande erbauen liess und wird das Vorwerk in dieser Weise vermuthlich gegen die Mitte des vorigen Jahrhunderts aufgeführt sein. Es ist indessen neuerlich etwas verändert, weil auch selbst die in der Zeichnung dargestellte Doppelaufstellung des Rindviehes dem Raumbedarf für die spätere Bewirthschaftungsweise noch nicht genügte. Ähnlichem Zwecke hat man auch wohl durch einen im Fachraum angebrachten Querstall zu entsprechen, und zugleich für den Fall eines Brandes gesucht, durch Verbindung mit der Dreschdiele für leichtere Rettung des Viehes

DAS FRIESISCHE BAUERNHAUS.   11

Zu Fig. 4. Alt-Marionhausen.

Grundriss.

Längen-Schnitt.

Oestlicher Giebel.

Querschnitt ab.

zu sorgen, was indessen eine, bei der friesischen Bauart sonst vermiedene Unterstützung des über dem Vieh lagernden Theiles der Ernte nöthig macht und daher nur geringe Nachahmung gefunden hat, zumal die Erfahrung lehrt, dass bei ausgebrochenem Brande das Vieh, selbst bei den weiten sächsischen Viehdielen, nur schwer sich aus dem Feuer wegtreiben lässt.

Ganz frei von aller Neuerung dürfte die in Figur 5 dargestellte Wohnhauseintheilung sich gehalten haben, welche

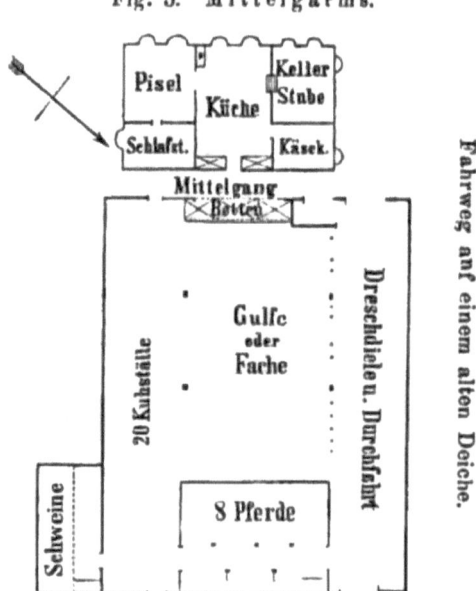

Fig. 5. Mittelgarms.

aus der Mitte des 17. Jahrhunderts stammt und einem derjenigen Vorwerke und Pachtstellen angehört, welche der letzte der Oldenburgischen Grafen, Anton Günther, auf den Garms genannten, neu eingedeichten Poldern oder Groden hat erbauen lassen.

Derselbe regierte von 1603 bis 1667 über Oldenburg und Jeverland und war in der Lage, aus dem Busen der Harle im Nordwesten des Jeverlandes und aus dem östlichen Busen der Jade im Butjadingerlande, bedeutende, Seefeld genannte Ländereien zu gewinnen, welche er seinem natür-

lichen Sohne, dem Grafen von Aldenburg (Vorfahren der
Grafen Bentinck) als freies Allod hinterlassen konnte, während
die im Lehnsverbande stehende Herrschaft Jever an seine,
mit dem Fürsten von Anhalt-Zerbst vermählte Schwester über-
ging. Die neubedeichten Ländereien wurden bis in die Mitte
des laufenden Jahrhunderts als abgesonderter Complex ver-
waltet und folgen die dort aufgeführten Wirthschaftsgebäude
theils der jeverschen, theils der butjadinger, mehr an die
sächsische sich anlehnende Bauart.

Das Haus Figur 5 zeigt die Dreitheilung, welche in
neuerer Zeit bei den von den Besitzern in eigener Bewirthschaftung gehaltenen Landstellen (wie erwähnt) wieder mehr
in Aufnahme kommt. Dieses Haus steht zu Mittelgarms
im Jeverlande, es lehnt sich an einen alten Deich, der bis
1658 Seedeich war und auf welchem ein öffentlicher Fahr-
weg angelegt wurde; ohne das Hammfach fasst die Scheune
drei Fach, was einer Flächengrösse von $44^1/_2$ ha entsprechen
mag.

Für das etwas grössere butjadinger Vorwerk Osterseefeld sind nach Figur 6 erheblich grössere Gebäude aufgeführt, von denen das Haupthaus nach sächsisch-westfälischer
Weise Wohnräume, Scheune und Stallungen vereinigt, aber
mit denselben einen sog. friesischen „Berg" verbindet, der
die bei sächsicher Bauart sonst üblichen Nebengebäude für
Scheune, Ställe und Schuppen ersetzt und die Möglichkeit
bietet, die Raumeintheilung genauer nach dem jeweiligen Verhältnisse der Milch-, Mast- und Ackerwirthschaft zu treffen.
So übertragen sich die seit Menschenaltern in einer Gegend
herrschenden Bauformen auf die Nachbarschaft, indem hier
Gewohntes aufgegeben, dort Fremdes aufgenommen wird, wie
z. B. in dem vorliegenden Beispiele der Pferdestall, statt
nach sächsischer Weise rechts und links von der Scheunen-
einfahrt, bei stärker betriebener Pferdezucht nach friesischer
Weise in den Berg verlegt, ebenso das Rindvieh auf Grogen
gestellt ist; Schweine und Abtritte sind in den Verbindungs-
gang zwischen den beiden grossen Gebäuden verwiesen;
Tränkrinnen vor den Kühen sind erst mehr in Aufnahme
gekommen, seitdem man gelernt hat, Drainröhren zur Ver-

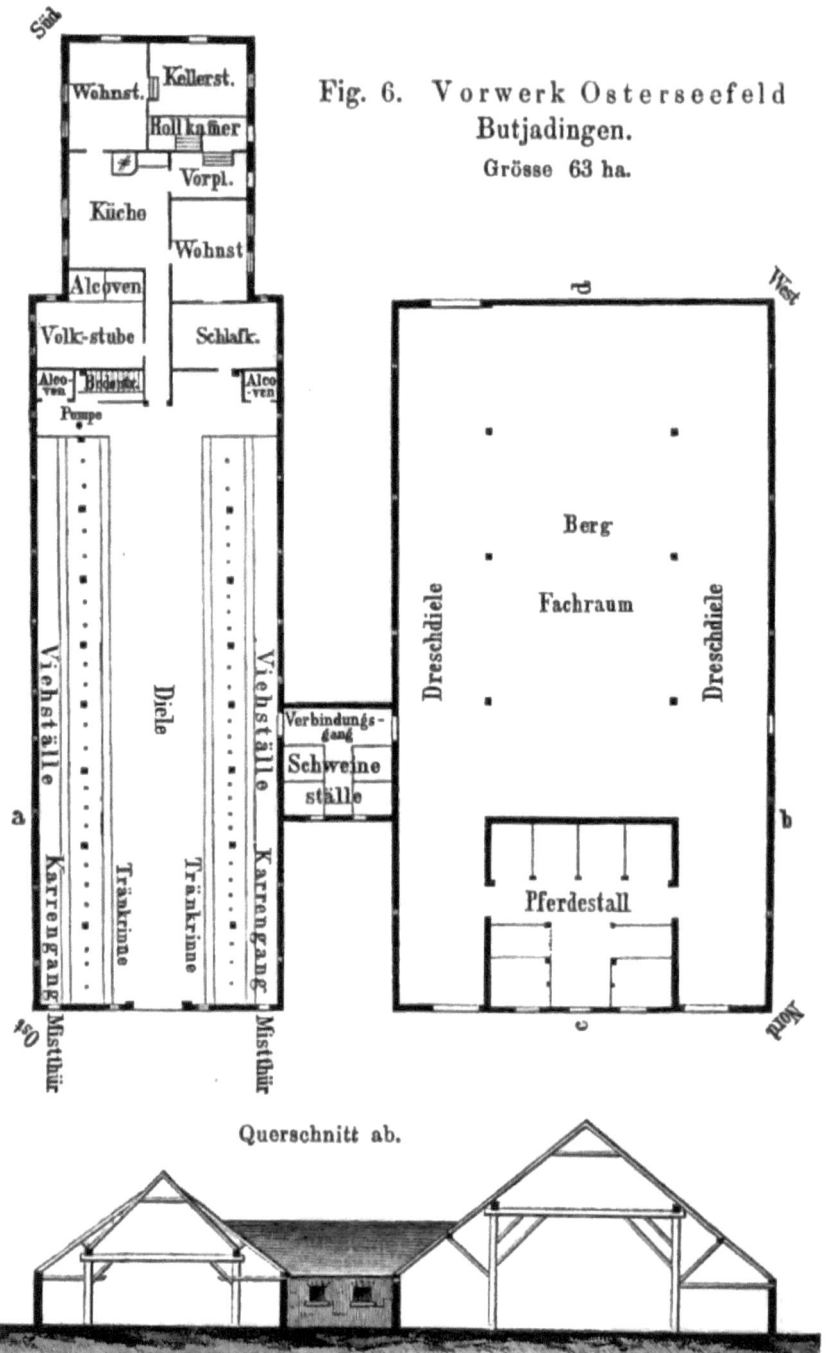

Fig. 6. Vorwerk Osterseefeld Butjadingen. Grösse 63 ha.

DAS FRIESISCHE BAUERNHAUS. 15

Zu Fig. 6.
Osterseefeld.

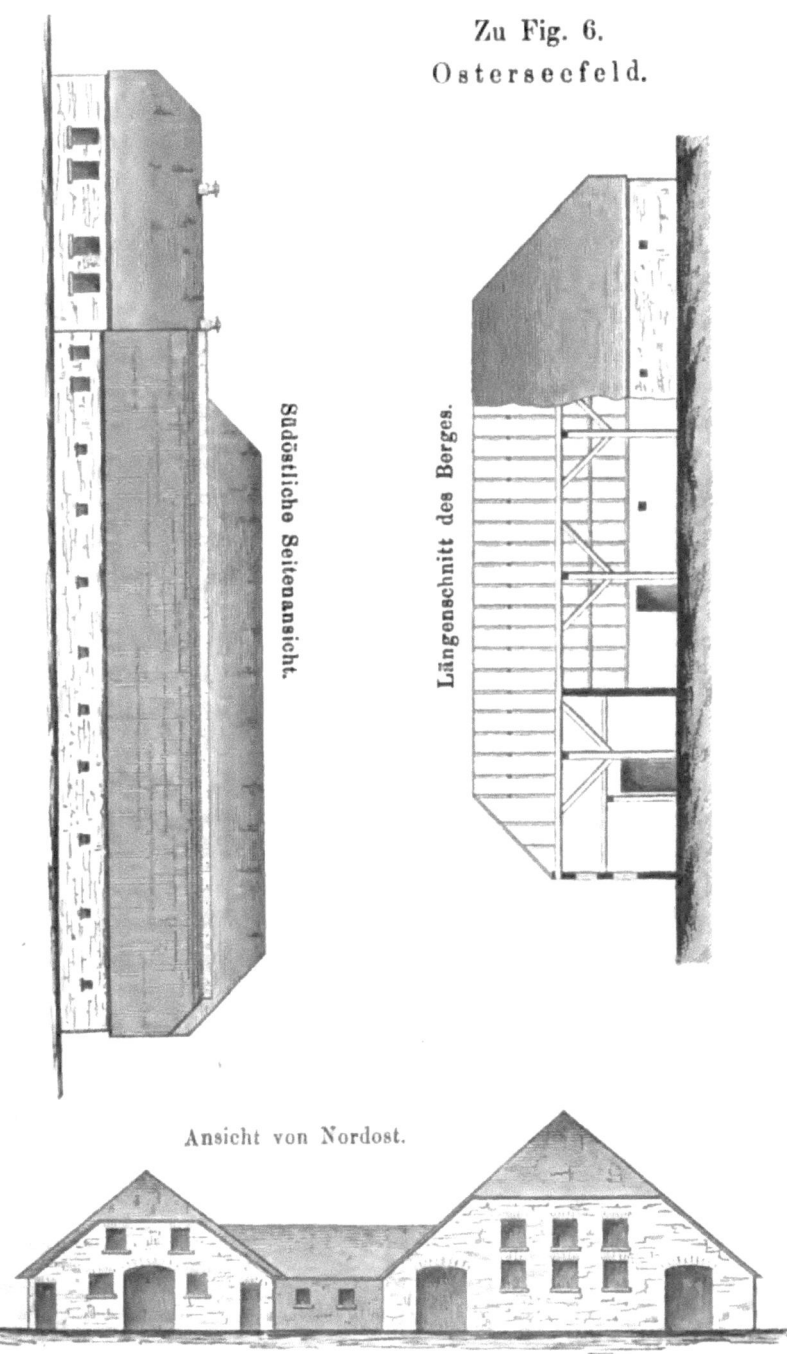

bindung mit den auf jedem Landgute vorhandenen, theils für den Wasserbedarf, theils behufs Gewinnung der Erde zur Aufhöhung der Hausplätze angelegten Wassergraften zu benutzen, es auch in manchen Fällen gelungen ist, selbst in der Marsch durch Bohrbrunnen aus der Tiefe trinkbares Wasser heraufzufördern. Die Anordnung der Wohnräume entspricht gleichfalls den Anforderungen der Neuzeit und ist von der, von Justus Möser hochgepriesenen Uebersichtlichkeit nicht viel mehr übrig geblieben, als das kleine Fenster in der Schlafkammer des Hauswirths, durch das derselbe die Viehställe übersehen kann und neben welchem an der Scheunenseite ein Alcoven für die Viehmägde befindlich ist. Statt des niedrigen Herdes im mittleren freien Raume des sächsischen Hauses, dem Mittelpunkt des häuslichen Geschäftsverkehrs, brennt in der geschlossenen Küche ein geschlossenes Feuer; der Haupteingang liegt an der Seite und hat einen Vorplatz oder Windfang.

Noch vollständiger als Figur 6 passt sich den neueren Bedürfnissen der nach Figur 7 für Norderseefeld entworfene Bauplan an, welcher im Wesentlichen friesische Bauart beibehält, aber ähnlich wie Figur 6 sächsischen Einfluss nicht verkennen lässt.

Genügen vielleicht einem Gutsbesitzer, der städtischen Gewohnheiten auch auf dem Lande nicht ganz entsagen will, die nach Vorstehendem zu gewinnenden Wohnräume noch nicht, so wird wohl statt des „Binnerendes" ein abgesondertes Wohnhaus parallel zu dem Brandgiebel der Scheune quer vorgesetzt und mit dieser durch ein niederes Mittelhaus verbunden; eine solche Zusammenstellung wird dann „Kreuzhaus oder Krüsselwark" genannt. Von dieser Bauweise wird später noch die Rede sein.

Sind in Vorstehendem die Bedürfnisse der Menschen, der Pferde und des Viehes im Einzelnen besprochen, so bleibt für den „Berg" nur noch die Aufgabe der Bergung des Erntesegens, durch die sich der Name rechtfertigt, der in dem eigentlich friesischen Gebiete, westseits der Jade kaum gehört wird, aber weiter ostwärts sich fortgepflanzt hat.

Zur Einfahrt ist in der Giebelmauer des ächt friesischen

DAS FRIESISCHE BAUERNHAUS.

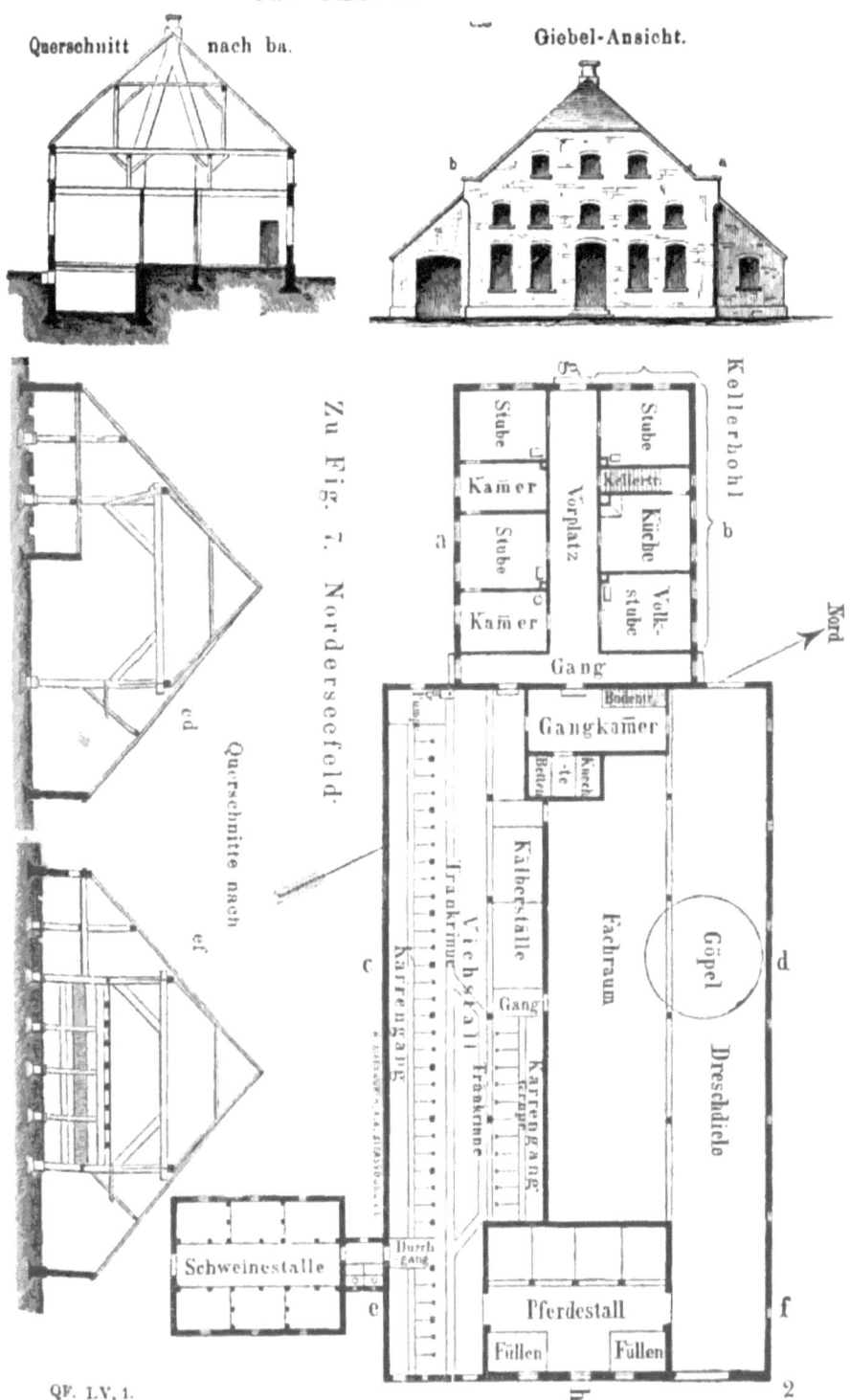

18   DAS FRIESISCHE BAUERNHAUS.

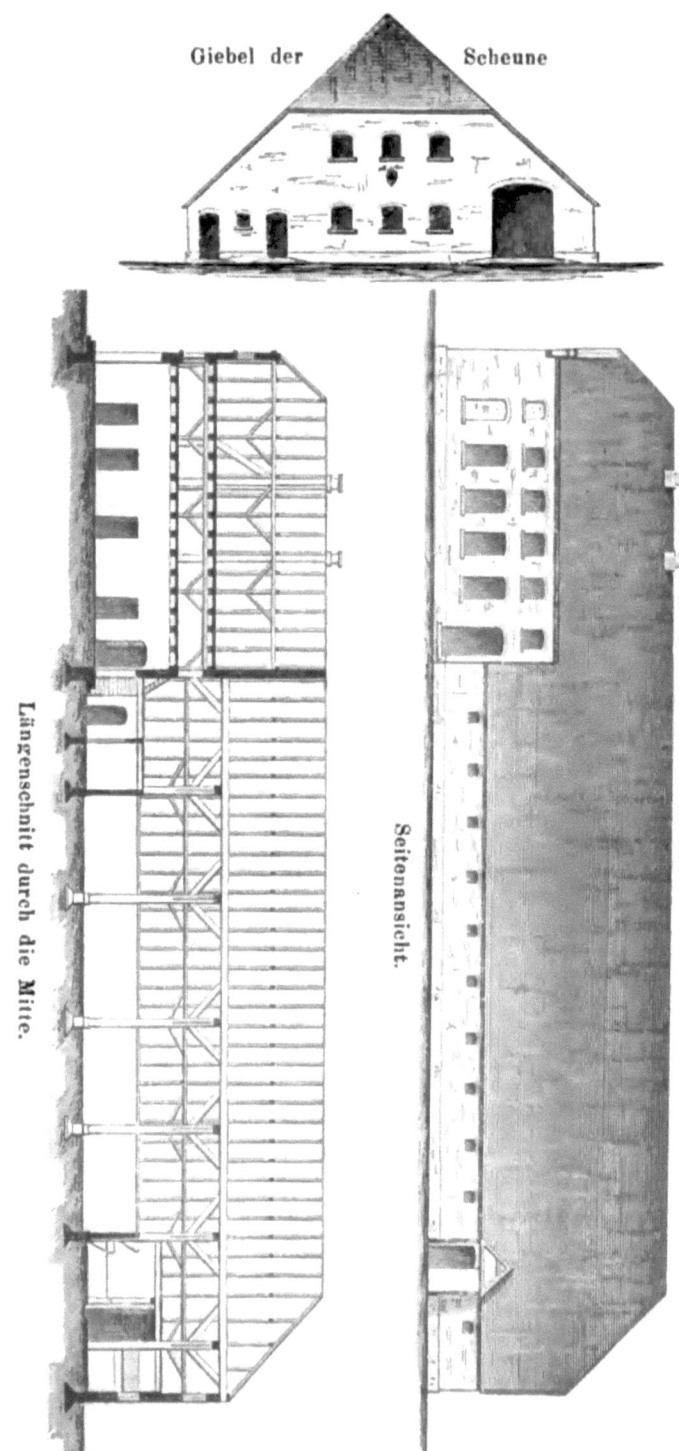

Fig. 7. Entwurf zum Neubau des Vorwerks Norderseefeld, Butjadingen.

Berges ein grosses, auf die Dreschtenne führendes Thor vorhanden, und geschieht von dieser aus die Füllung der Fache; der leere Wagen wird zurückgeschoben, oder auch durch ein minder hohes Thor im Brandgiebel hinausgefahren. Wo man im Butjadingerlande Berge mit zwei Dreschtennen und zwei Einfahrtsthore hat, kann sich das Einfahren bei eiliger Erntezeit erleichtern, auch können allenfalls die Wagen über die eine Tenne ein- und über die andere hinausfahren, wobei zugleich die äussere Ansicht an Symmetrie gewinnt. Der jeversche Bauer aber gestattet sich den Luxus zweier Thore um so weniger, als eine einzige Dreschtenne seinem Bedürfnisse vollkommen genügt, zumal seit Anfang dieses Jahrhunderts der „Dreschblock" fast allgemein im Gebrauch und das Handdreschen in grösseren Wirthschaften nur noch wenig üblich ist. Es besteht dieser „Dreschblock" aus einem mit Latten benagelten abgekürzten Kegel, der mittelst eines zwischen Fach und Diele aufgestellten Pferdegöpels auf dem zu dreschenden Getreide umgetrieben wird (vergl. Fig. 7); bei den mehr und mehr sich verbreitenden Dreschmaschinen werden die sehr grossen Dreschdielen (deren Fig. 6 sogar drei aufweiset) immer überflüssiger.

Bis hiezu ist vorzugsweise von dem Bauernhause der jeverschen und der Weser-Marschen die Rede gewesen; das Gebiet des friesischen Hauses aber reicht weiter nach Westen und Osten, von der Küste landeinwärts erstreckt es sich nicht sehr weit.[1] Allgemeiner Annahme nach, ist das alte und eigentliche Friesland in der Zuydersee untergegangen und ging der Name auf die Provinz über, die von Deutschen, im Gegensatz zu Ostfriesland, vielfach Westfriesland genannt wird, welchen Zusatz aber die ächten Friesen stolz zurückweisen. Noch weiter ostwärts folgten im Mittelalter die kleinen friesischen Republiken der Harlinger, Oestringer,

---

[1] Die Frage nach der südlichen Ausdehnung derselben, lässt sich zur Zeit nur beantworten durch Hinweisung auf die den Marschen eigenthümliche Bauweise, deren sporadische Verbreitung spätere Forscher an der Hand der hier versuchten Darstellung zu erforschen sich werden veranlasst finden.

Wangerländer und Rustringer, von denen um 1355 ff. Edo Wimeken der ältere zu Jever die Oestringer, Wangerländer und Rustringer unter seiner Herrschaft vereinigte, soweit das Gebiet der letzteren nach dem Durchbruche der Jade und der Erweiterung des Busens (1218 und 1511) noch mit dem westlichen Stammesgebiete zusammenhing.

Die Verbindung der Rustringer „boven de Jade" und „buten de Jade" lockerte sich mehr und mehr; die westlichen Stämme behielten den Namen Rustringer, die östlichen wurden Butjadinger genannt und verschmolzen mit den Stadlander-, Stedinger-, Osterstader- und Wurster-Friesen, unter denen gleichwohl manche Stammeseigenthümlichkeit erhalten blieb.[1] Jenseits der Elbe finden wir Dithmarschen, Eiderstedt, Nordstrand und Nordfriesland von Friesen bewohnt, und wie auf der Versammlung der Land- und Forstwirthe 1847 zu Kiel auf 40 Blättern[2] nachgewiesen ist, bewahren sich in der Bauweise der verschiedenen Gegenden manche Anklänge an die Stammformen, wie sie in den rein friesischen Gegenden westwärts der Jade sich erhalten haben. Nur mit grosser Mühe aber wird in ähnlicher Weise, wie für nachbarliche Stämme oben bei Fig. 6 und 7 versucht ist, der Einfluss sich entwirren lassen, den sächsische, wendische, angelnsche, dänische und andere Volksgewohnheiten abändernd in Haus und Hof mögen geltend gemacht haben, und ist beispielsweise der friesische Vierkant in jenen 40 Blättern nur auf Taf. 38 im „Eiderstedtschen Heuberge", durch Ausbau des Quadrats nach allen Seiten, zum Kerne eines einzigen Wirthschaftsgebäudes gemacht, welches anscheinend einer überwiegenden Milchwirthschaft, bei einem nur auf den Hausbedarf beschränkten Fruchtbau angepasst worden ist. Alle übrigen Beispiele entfernen sich mehr und mehr von dem Urtypus, wie solcher sich nach vorstehender Entwickelung in

---

[1] Vergl. Allmers, Marschenbuch, 2. Aufl. 1875. Dr. Schumacher, Stedingen, Bremen 1865.

[2] Lütgens, Charakteristik der Bauernwirthschaften in den Herzogthümern Schleswig und Holstein, nebst Grund- und Aufrissen. Gedruckt und vertheilt auf Kosten der Deutschen Land- und Forstwirthe 1847.

den, von der Weser bis über den Dollart von Friesen bewohnten Landstrichen hatte ausbilden können, nachdem den fast ununterbrochenen Fehden der kleinen Häuptlinge und Dorfschaften durch freiwillige Wahl eines Oberhauptes für eine grössere Landschaft, ein Ziel gesetzt und einige Ruhe zurückgekehrt war. Denn die den Upstalsbomischen Versammlungen beigelegte Oberherrlichkeit über die sieben Seelande, welche (nicht einmal jährlich) am dritten Pfingsttage in wichtigen Staatsfragen ihren Spruch fällten, hatten sich für die Erhaltung von Ordnung und Frieden völlig unwirksam erwiesen, und hörten um dieselbe Zeit ganz auf, als die Rustringer im Jahre 1355 den auf einem Steinhause oder einer Burg zur Dangast wohnenden, in früheren Kriegen als tapferen und klugen Führer bewährten Edo Wimeken zu ihrem Oberhaupte erwählten und nahmen als solchen ihn auch 1359 die Oestringer und Wangerländer an. Ihnen folgten um 1430 die Prälaten und gemeinen Lande der Harlinger, Auricher, Broekmer, Emsiger. und Norder in der Erwählung solcher Oberherren, aus denen dann die Fürstenwürde mit dem Titel: „Fürsten von Ostfriesland, Herren zu Esens, Stedesdorf und Wittmund" sich entwickelte und nun, wenn auch nicht mit einem Schlage, in sämmtlichen Frieslanden ein friedlich geordneter Zustand Platz griff und eine bessere Ausbildung bäuerlicher Wirthschaft möglich wurde, welcher der im Obigen entwickelte Ausbau des Bauernhauses angehört.

Von demselben stammt einerseits in gerader Linie die Einrichtung der kleinen Häuslingshäuser, sowie der Fischerhäuser auf den Inseln ab, und zeigt von letzteren Fig. 8 ein der Insel Spiekeroog entlehntes Beispiel, das aus Grundriss und Ansicht auf die kajütenartige Ausstattung der Wohnräume schliessen lässt, welche mittelst bemalter Bretterverschläge auch in den kleinsten Gebäuden den Landesgewohnheiten gemäss in Schlafstellen, Geräthekammern u. s. w. abgetheilt sind.

Nicht selten dienen die grosse und die kleine Küche sammt dem Pisel, verschiedenen Generationen derselben Familie, das „Oefken" (ein durch den Kochtopf oben abgeschlossener Feuerraum oder kleiner Ofen) dient zum Kochen und Heizen; der Hausflur hat zweifachen, je nach dem Winde zu nutzenden Ausgang; das tief herabgehende, nur niedrige

Fig. 8. Fischerhaus auf Spiekeroog.

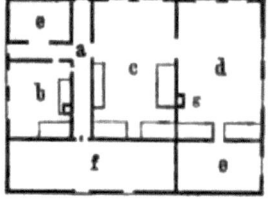

Legende.
a. Hausflur.
b. kleine Küche.
c. grosse Küche.
d. Pisel.
ee. Gerätekammern.
f. Stallung.
g. Herd u. Oefken.

Fenster gestattende Dach ist im Innern der Stuben schräg verkleidet, und dürfte die ganze Einrichtung in den nordholländischen Fischerhäusern auf den Inseln nachklingen, deren Professor Henning (a. a. O. auf S. 134 ff. seiner Geschichte der friesischen Bauart) im Anschluss an Howard's malerische Reise nach den todten Städten der Zuydersee erwähnt.

Von den längs der ganzen Küste sich vielfach findenden kleinen Häuslingshäusern ist in Figur 9 ein Beispiel vom Hunte Ems-Canale mitgetheilt.

Andererseits ist in den Figuren 11, 12 und 13 die Umwandlung nachgewiesen, welche das einfache Bauernhaus erleiden musste, wo die Bedürfnisse eines Häuptlings oder eines wohlhabenden Gutsbesitzers in Frage kamen. Von den eigentlichen „Steinhäusern" in denen zur Zeit der Fehden die kleinen Herren sich verschanzten, sind sichere Muster freilich nicht mehr vorhanden und werden sie den zur Vertheidigung dienenden sehr festen Kirchen einigermassen ähnlich gewesen

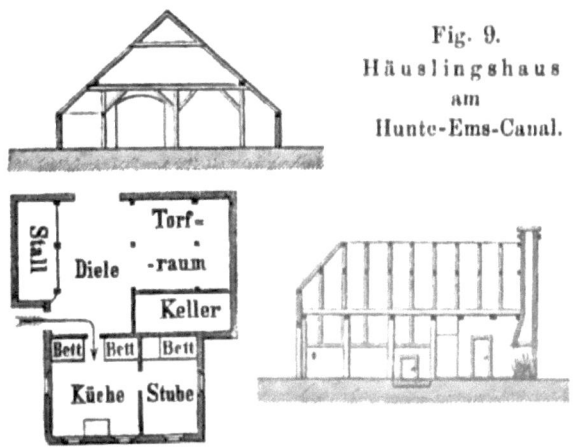

Fig. 9.
Häuslingshaus
am
Hunte-Ems-Canal.

sein; sie reizten die Eifersucht der „Gemeente" in so hohem Grade, dass z. B. nach dem Broekmer Landrechte eine Willküre verordnete: „dass keine Burgen noch Mauern, noch hohe steinerne Häuser sein sollen, bei 8 Mark; Niemand baue höher, als 12 Fuss unter Dach".[1] Später wurden indess nach Uebereinkunft mit der Gemeente, zu gegenseitigem Schutz und Nutz, noch feste Plätze erbaut; und finden sich im Westen der Jade, ausser den älteren Stammsitzen der Wimeken und der Papinga (Dangast und Sibetsburg), die auch jetzt noch mit Wall und Gräben umgebenen Schlösser Kniphausen und Gödens, ferner Marienhausen, Fischhausen und Scheep; von Roffhausen, Inhausen, Canarienhausen, Haddien, Middoge u. s. w. sind nur noch Erdwälle und Gräben zu erkennen. Rickelhausen, ein zweistöckiger fester Herrensitz, wurde wegen völliger Baufälligkeit 1861 abgebrochen und ein blosses Wirthschaftsgebäude aufgeführt; Anlage und Einrichtung des alten „Krüsselwark's" sammt dem Zusammenhange mit der später angebauten, die Giebelkrönung des

---

[1] v. Halem, Oldenb. Geschichte I, S. 229. Eine Mark hatte damals hohen Werth; nach Bruschius (Nachr. v. Jeverland. 1787. § 26) ward nach Broekmer Landrecht ein ganzes Haus aufs höchste zu 4 Mark abgeschätzt.

Hauses überdeckenden Scheune, ergeben sich aus dem in Figur 10 mitgetheilten Grundrisse des Erdgeschosses. Das Obergeschoss war mittelst eines (an Stelle des Käsekellers) in der Ecke des Kreuzhauses in die Dachflächen einschneidenden Treppenthurmes zugänglich, welcher durch die dadurch veranlassten Einwässerungen Ursache vorzeitiger Zerstörung wurde; in einem oberen grossen Saale fand sich ein Kamin, dessen grausteinernes (noch erhaltenes) Gewände

Fig. 10. Alter Häuptlingssitz Rickelhausen.

in Mönchsschrift den Wahlspruch des Fräuleins Marie v. Jever trug: verbum domini manet in aeternum. Die frühere Ansicht des Herrensitzes, dessen östlicher Giebel die Jahreszahl 1559 trug, hat bei dem um 1861 erfolgten Abbruche, soweit ermittelt werden können, wie die Vignette 10[a] angiebt. Bei dem vermuthlich im 17. Jahrhundert erfolgten Anbau der Scheune, ward der Giebel als Scheidewand der noch etwas höheren Scheune übermauert und versteckt.

Um 1570 liess Fräulein Marie auf dem an der Made eingedeichten Lande ein, zum Schutze gegen ostfriesische Angriffe wohlbefestigtes, zweistöckiges Lusthaus „Marienhausen" bauen; welches während der von 1806—1814 dauernden holländischen und französischen Besitznahme Jeverlands als herrenloses Gut verwüstet und 1822 als baufällig abgebrochen wurde; nur der am westlichen Giebel angebrachte Treppenthurm ist noch erhalten; — von dem dazu gehörigen Vorwerksgebäude ist oben bei Fig. 4 die Rede gewesen und ist das Ganze mit Wall und doppelten Gräben umgeben, innerhalb welcher unter Anhalt-Zerbstischer Re-

Fig. 10a. Ansicht um 1570.

gierung auch ein (um 1820 abgebrochenes) Amtshaus nebst Zubehör belegen war.

Ziemlich vollständig sind die Gebäude des ebenfalls zweistöckigen Herrensitzes F i s c h h a u s e n erhalten, welcher in Fig. 11 übersichtlich dargestellt ist. Mit diesem Gute belehnte 1577 Graf Johann XVI. von Oldenburg als Erbe des 1575 verstorbenen Fräuleins Marie und Herr von Jever, den Boing von Waddewarden, und bauete dieser das noch vorhandene Herrenhaus, dessen Treppenthurm die Jahreszahl 1578 trägt. Ein Lehnsnachfolger Freiherr von Schwarzenberg verkaufte das Gut 1689 an Lüdke von Weltzien, Drosten zu Neuenburg und Kniphausen; derselbe liess 1690 neben

26 DAS FRIESISCHE BAUERNHAUS.

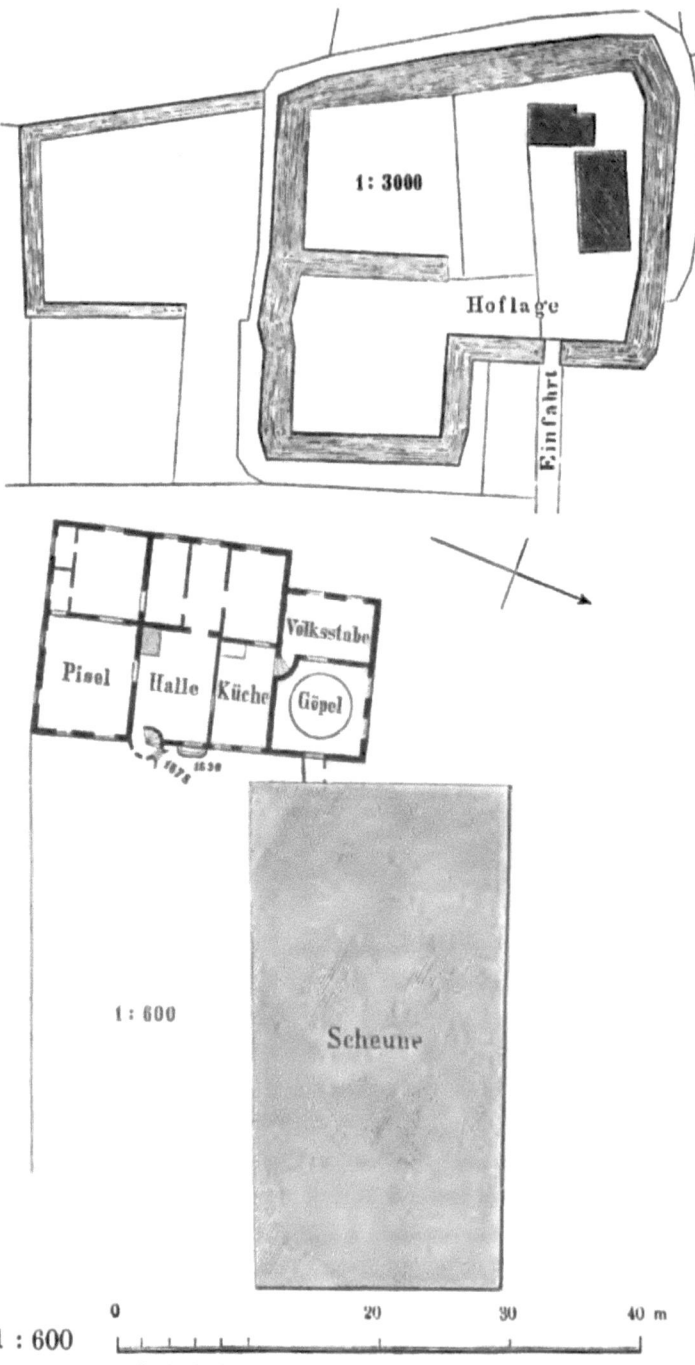

Fig. 11. Herrensitz Fischhausen.

dem Treppenthurm einen bequemeren Eingang zum Erdgeschosse anbringen und scheint das Obergeschoss später nur

Fig. 12. Rittergut Scheep.

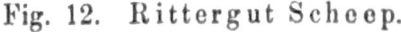

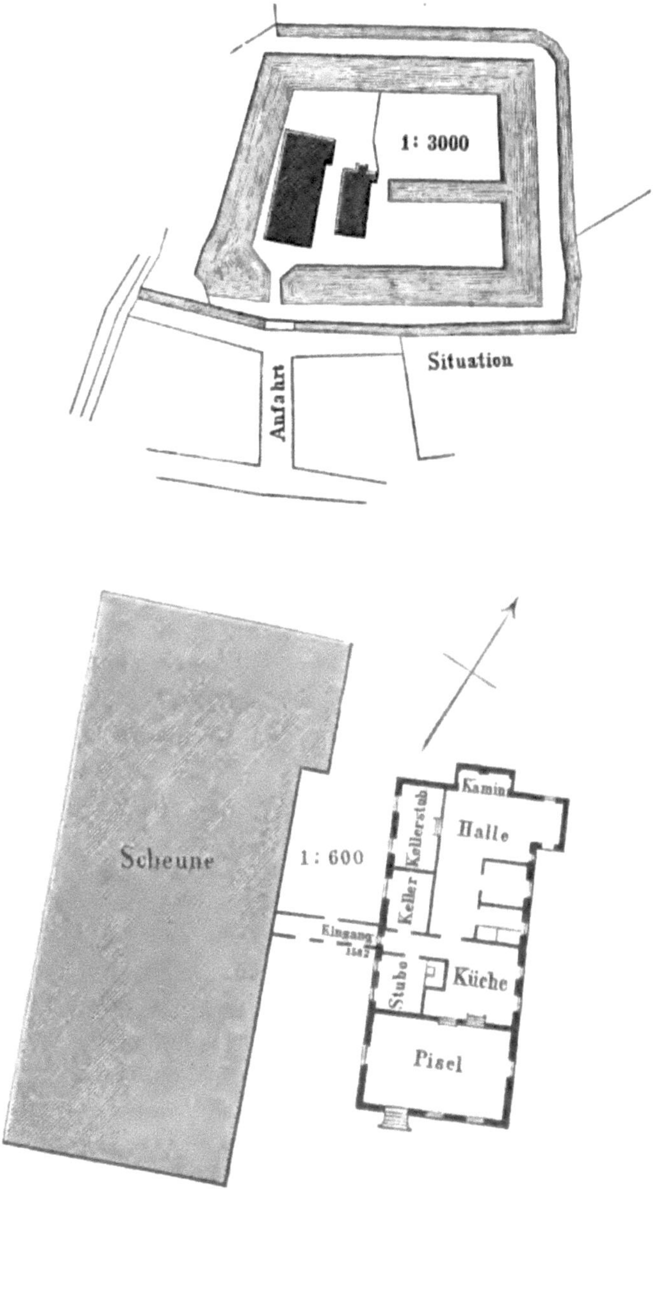

als Bodenraum benutzt zu sein. Vielleicht ist auch damals der einstöckige, mit Pultdach an den nördlichen Giebel sich anlehnende Anbau, in Verbindung mit der tiefer belegenen Scheune aufgeführt; von der damaligen Hoflage giebt ein grosses Gemälde auf dem mächtigen Kaminmantel im grossen Saale ein anschauliches Bild. Im Besitz derer von Weltzien blieb das Gut bis etwa 1774; später wird als Besitzer der kriegsdienstpflichtige Vasall Johann Fooken Müller genannt, dessen Erben dasselbe noch besitzen.

Das Rittergut Scheep Figur 12 ist zwar nur einstöckig, zeugt aber auch von Wohlhäbigkeit und Reichthum des Erbauers, als welcher Remmer von Sedik, Fräulein Mariens Kanzler, genannt wird; nach verschiedenen Inschriften in Stein wird es noch etwa 2 Jahrhunderte in der Familie Sedik oder Zedik geblieben, 1813 an Joh. Ika v. Thünen und 1836 an J. Droste übergegangen sein. Die beiden steilen Giebel, in denen oben Schornsteine münden, sind mit eisernen Spitzen verziert; die am südlichen Giebel angedeutete Freitreppe, welche vermuthlich früher den Staatseingang bildete, ist später an die Gartenseite des Pisels verlegt; für gewöhnlich ist an der Seite des Hauses eine schmälere Thüre vorhanden, deren steinernes Gewände die Inschrift trägt: Invide quid invides, 1582, und welche mittelst eines offenen Verbindungsganges auch zur Scheune führt. Unter dem Pisel liegt ein grosser Keller mit 3 Kreuzgewölben, gegen Nordwesten befindet sich ein Keller mit hölzerner Decke, darüber eine aufgetreppte Stube. Die Zwischenwände in Halle und Küche sind neuern Ursprungs.

Eines ebenfalls hohen Alters wird sich die Pfarrwohnung zu Waddewarden (Fig. 13) rühmen können, doch haben an derselben theils die Reformation, theils der mehrfache Wechsel von Pfarrern mit Familie manche Aenderung herbeigeführt. Der älteste Theil des gesammten Bauwerks scheint die südliche Seitenwand der Scheune zu sein, welche dicker als bei Bauernscheunen üblich, und trotz der ihr schon beim ersten Bau gegebenen 7 Verstärkungspfeiler, stark nach aussen übergewichen ist; an der Innenseite eines jeden dieser Pfeiler ist oben eine kleine Nische angebracht, welche wohl zur Aufstellung eines Heiligenbildes für katho-

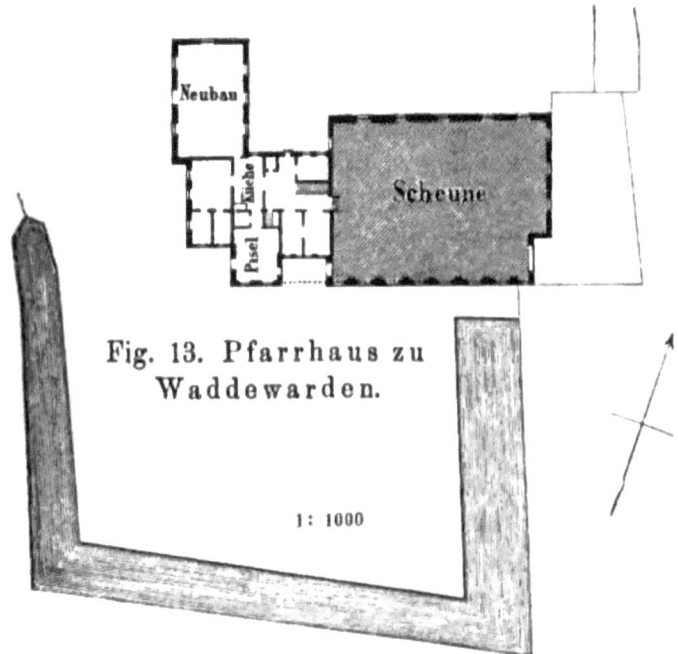

Fig. 13. Pfarrhaus zu Waddewarden.

1 : 1000

lische Passionsandachten gedient haben mag. Die Wohnungsbedürfnisse des Pfarrers werden nach erfolgter Reformation mehrfache Erweiterungsbauten nöthig gemacht haben; der in der Fig. 13 als Pisel bezeichnete Saal ist jedenfalls sehr alt, und am südlichen Giebel durch fünffache Zinnenkrönung ausgezeichnet; das minder hohe Mittelhaus nach der Scheune zu, enthält seit Menschengedenken die Studirstube und die Küche; die westlich an den Pisel stossenden Wohnzimmer sind anscheinend spätern Ursprungs, wie der Anbau im Nordwesten erst in ganz neuerer Zeit aufgeführt und dadurch eine Zusammenstellung hergestellt ist, welche den schon oben erwähnten Namen „Kreuzhaus oder Krüsselwark" allerdings verdienen mag und mit der friedlichen Bestimmung einer Pfarrwohnung sich jedenfalls besser verträgt, als dies bei einem, gelegentlich Belagerungen ausgesetzten Herrensitze der Fall sein würde.

Wie ein solcher zur Zeit der Fehden ausgesehen haben mag, lässt sich allenfalls einer handschriftlichen Abbildung entnehmen, die Cadovius-Müller, Pastor zu Stedesdorf in Ostfriesland einem Memoriale linguae frisicae[1] einverleibt hat, das derselbe 1691 dem damals einjährigen Erbprinzen von Ostfriesland ehrfurchtsvoll überreichte. Zwar bezeichnet er das Bild als das eines „alten ostfriesischen Bauernhauses", und fügt zur Erläuterung wörtlich hinzu:

„die Bauern haben ihre Häuser von lauter Ziegelsteinen gebaut, bisweilen alle Mauern 2, 3 und 4 Fuss dick; der Boden über dem Kopf waren dicken Latten mit Ziegelsteinen gepflastert, wider den Brand gewapnet, wie denn auch alle Gebäude allenthalben mit guten Brandgiebeln versehen waren. Die Ursach solcher dicken schweren und kostbaren Gebäude war nicht allein der Bauern Reichthum, sondern die Furcht vor ihren nachbarlichen Freunden. Darum ein jedes Bauernhaus auch mit tiefen Gräben verschanzet war, damit sie von einer kleinen Partei möchten unbeschädigt bleiben. Heut zu Tage haben sie solche Furcht nicht nöthig, darum bauet man nun die Häuser nach holländischer Art leichter und bequemer; so ist auch der Bauern Reichthum lange nicht so gross als in vorigen Zeiten. Die alten ostfriesischen Häuser lassen von ferne als grosse deutsche Dorfkirchen u. s. w."

Anscheinend wirft der in Hamburg geborene, erst 1675 zum Prediger in Ostfriesland ernannte Verfasser hier das, was von alter Bauernsitte ihm nach seinem Eintritt in die neue Heimath mag erzählt worden sein, mit alten Berichten von Häuptlings- und Stammesfehden zusammen, als er eifrig bemüht war, die ihm ganz fremde ostfriesische Sprache sich

---

[1] Memoriale linguae frisicae, nach der in Aurich befindlichen Originalhandschrift mit 5 Abbildungen. Zum ersten Male herausgegeben von Dr. L. Kükelhan, Leer 1875. (Siehe daselbst Seite 65 und 117.)

Von der Auricher Handschrift befinden sich in Leeuwarden und Oldenburg vollständige Abschriften und in Hannover ein Auszug; Dr. K. hat diese sämmtlich verglichen und hierauf seine Herausgabe gegründet.

soweit anzueignen, um seinen Pfarrkindern verständlich zu
werden. Als es nach vieler Mühe ihm gelang, in einer selbst-
erfundenen Orthographie das Vaterunser und das Glaubens-
bekenntniss sogar zu schreiben, priesen ihn seine Amts-
brüder als ein Wunder: „der nie die Sprach' gelernt kann
sie nach Willen beugen; dran keiner je gedacht, muss fremde
Hand uns zeigen!" [1]

Wie anerkennenswerth aber auch die sprachforschlichen
Leistungen des Cadovius-Müller sein mögen, — seine Beschreibung und Abbildung der älteren und späteren Bauernhäuser verrathen einen gänzlichen Mangel an Beobachtungs-
gabe und Fachkenntniss. Letztere ist freilich nach seinem
früheren Lebensgange nicht von ihm zu erwarten; Misstrauen
in seine bildliche Darstellung aber ist um so mehr gerecht-
fertigt, als auch die von ihm für die altostfriesische Sprache
erfundene Rechtschreibung zu manchen Bedenken Anlass giebt. Theils beruhen diese auf einer unpassenden Wahl
für den orthographischen Ausdruck mancher seinem Ohre
fremder Laute, theils auf deren inconsequenten Anwendung[2],
und wenn auf dem eigentlichen Felde seiner Forschungen
solche Ungereimtheiten vorkommen, so darf man in baulichen
Dingen eine strenge Richtigkeit in Einzelheiten nicht erwarten.
Dies ist um so mehr zu beklagen, als die handschriftliche

---

[1] Vergl. Kückelhan a. a. O. S. 102.

[2] So z. B. schreibt er ziahn, sehen; verschiaiing, Vorsehung;
sciah, Gesicht; zilver, Silber; Schlaip, Schlaf; Zuhn, Sohn; Zierck,
Kirche; tschittel, Kessel; lauhn, Land; mon und mohn, Mann; u. s. w.

Des Verf. früherer Lebensgang erklärt diese und andere Unge-
nauigkeiten. Er ward in Hamburg 1650 unehelich geboren; sein Vater
Matthias Cadovius, Prediger zu Budforde in Ostfriesland, ehelichte zwar
1652 die Mutter, liess aber den Sohn in der Fremde unter dem Namen
Johann Müller, allerdings sorgfältig erziehen und zum Prediger ausbilden, verschaffte ihm auch später, als er am ostfriesischen Hofe Einfluss gewonnen und Generalsuperintendent geworden, eine Stelle, erst
an der Schule zu Esens, dann 1675 als Prediger zu Stedesdorf. Nach
des Vaters Tode 1679, liess der Sohn sich legitimiren und nahm den
Namen Cadovius-Müller an. Die Dankbarkeit für die seinem Vater
und ihm selber widerfahrene fürstliche Huld, tritt in dem Memoriale
sehr in den Vordergrund.

'Aufteykening van die ohlde Freeske huhsen' bisher die einzige Quelle war, aus welcher die Nachrichten über friesische Bauart flossen.

Offenbar irrig und sicher nicht auf wirklicher Anschauung beruhend ist es, wenn die Handzeichnung allgemein auf der 'Hausleute Häuser' bezogen wird, da das Krüsselwark allenfalls einem Häuptlingssitze entsprechen mag, die Scheune aber in ihrer Theilung in 2 nahezu gleiche Hälften die Grundlage der friesischen Scheune (das Fach mit der Tenne an der einen, dem Viehstall an der andern Seite) — geradezu ausschliesst, und die für den Herrensitz nothwendig erforderte Feuersicherheit sich mit dem unmittelbaren Anschlusse an die jedenfalls feuergefährliche Scheune durchaus nicht verträgt. Ueberdies hat die mit jener Zweitheilung zusammenhängende, in der Zeichnung angedeutete Doppelspitze des Scheunendaches, die vom Professor Henning in seinem Buche 'das deutsche Haus' (S. 41 ff. u. 131) ausführlich verfochtene Meinung hervorgerufen, das friesische Haus sei 'unter sächsischem Einflusse aus der Zusammenstellung mehrerer, ursprünglich selbständigen Gebäude zu einem Complexe entstanden.'

Dahingegen dürfte aus den vorstehenden, bis in die Mitte des XVI. Jahrhunderts zurückgreifenden Mittheilungen über noch heute vorhandene oder erst neuerlich abgetragene Bauwerke, die Urwüchsigkeit des friesischen Bauernhauses sich mit Sicherheit ergeben, und ist kaum zu bezweifeln, dass wenn Cadovius-Müller mit nur einigermassen kundigem Blicke sich nach alten Gebäuden umgesehen hätte, ehe er am 1. Januar 1691 sein Memoriale abschloss, er leicht bessere Muster für ältere und neuere Bauernhäuser hätte auffinden können.

Denn auch sein 'Abris von neu Oistfriesisches Bawrenhaus' entspricht dem Bedürfnisse höchstens eines kleinen Häuslings. Die hintere, etwas kürzere Hälfte hat steinerne Mauern und in der Mitte der Giebelmauer den Schornstein, der sich bis über den Dachfirst erhebt und vermuthen lässt, dass ein einziger, die ganze Breite des Häuschens einnehmender Raum als Küche und Wohnung, die vordere, mit Brettern umkleidete und mit einer Eingangsthüre versehene, etwas längere Hälfte als **Stall und Scheunenraum** dienen solle. Dass irgend eine Acker-, Weide-, Vieh- oder Milchwirthschaft von einem solchen Häuschen aus solle betrieben werden können, ist durchaus undenkbar und kann weder für die s. g. **neue** wie für die **ältere** Bauweise ostfriesischer Gebäude, den Mittheilungen des Cadovius-Müller einige Beweiskraft beigelegt werden.

Aber nicht blos auf solche Discreditirung eines alten Manuscripts sprachforschlichen Inhalts ist es bei der gegenwärtigen Veröffentlichung über altfriesische Bauart abgesehen; — der Verfasser legt ihr vielmehr eine grössere, auf wirkliche Erfahrung sich stützende **Tragweite** bei, wie nachfolgendes Beispiel zeigen mag.

Als den Verf. im Jahr 1849 in Oldenburg ein ihm befreundeter Gutsbesitzer aus Mecklenburg besuchte, machte er denselben gelegentlich mit dem friesischen Scheunensysteme bekannt, und als diesem einige Jahre später auf seinem heimathlichen Hofe an einem Nachmittage fünf grosse Scheunen abbrannten, erbat behufs Wiederaufbaues derselbe sich aus Oldenburg den Riss zu einer friesischen Scheune, welche er gleichsam als Zwilling zu einer gleichgrossen, nach dortigem Muster in 180 Fuss Länge zu errichten gedachte. Sein Zimmermeister aber erklärte als er den Riss sah: 'Das baue ich nicht; solch Ding kann ja nicht stehen!' und auf den Einwand, dass an der Nordseeküste solche Scheunen seit mehr als hundert Jahren stehen, erwiederte jener: 'Dann haben sie dort nicht solche Winde wie wir hier!' — Indessen liess sich der Gutsherr (Herr **von der Sode** auf Frauenmark bei Criwitz in Mecklenburg) nicht irre machen; die beiden Scheunen wurden in gleicher Grösse gebauet, und der Erfolg war, dass die friesische an fünfthalbtausend laufende Fuss Holz weniger erforderte, als ihre Zwillingsschwester. Beide stehen schon über 30 Jahre, und weil der Fall einiges Aufsehen erregte, fand auch die Grossherzogliche Domänenkammer sich veranlasst, das Gutachten einer ihrer Baumeister darüber einzuziehen. Dasselbe gipfelte in dem Ausspruche: 'Für uns nicht brauchbar'; — es war ihm also ähnlich ergangen, wie dem Verfasser, als dieser im J. 1823 (wie im Vorworte erwähnt worden) in Jever sich durch die Kühnheit friesischer Bauweise überrascht fand; — nur hat jener sich nicht die Zeit genommen, sich durch die Erfahrung belehren zu lassen.

Allerdings darf, wenn sie ihren Zweck nicht verfehlen soll, eine Nachahmung friesischer Muster sich nicht auf blosses Copiren beschränken; sie erfordert wesentlich ein genaues Eingehen in die bei dieser Bauweise beobachteten Gesetze des Gleichgewichts, der festen Knotenverbindung, und namentlich der Elasticität des Gespärres, das bei der Grösse der Dachflächen von starken Stürmen nothwendige Schwankungen erleidet. Hiermit hängt die im Friesischen vorherrschende flache Ziegeldeckung mit Hohlpfannen, die auf Strohdocken [1] liegen, zusammen und wird Kalkverstreichung nur in seltenen Fällen und nur bei besonders starken Dachconstructionen angewendet. Von der Strohdocken-Eindeckung aber werden Erfahrungen gerühmt, die derselben die Dauer eines Menschenlebens beilegen. Wer nicht in dergleichen Einzelheiten der friesischen Bauweise eindringt, wird bei blosser Nachahmung der Hauptformen die dieser Bauweise beigelegten Vorzüge niemals erreichen!

---

[1] Strohdocken sind puppenartig gebundene Strohwische, geeignet die seitlichen Fugen der Hohlpfannen passend zu füllen.

Verlag von Karl J. Trübner in Strassburg.

Barack, K. A., Ezzos Gesang von den Wundern Christi und Notkers Memento Mori. Phototypisches Facsimile der Strassburger Handschrift. 4. geb. 1880. M. 4. —

Bergmann, F. W., die Eddagedichte der nordischen Heldensage, kritisch hergestellt, übersetzt und erklärt. 8. VIII, 384 S. 1879. M. 8. —

ten Brink, Bernh., Chaucer. Studien zur Geschichte seiner Entwickelung und zur Chronologie seiner Schriften. I. Thl. 8. 222 S. 1870 M. 4. —

— — — Dauer und Klang. Ein Beitrag zur Geschichte der Vocalquantität im Altfranzösischen. 8°. V, 54 S. 1879. M. 1. 20

Butsch, A. F., Strassburger Räthselbuch. Die erste zu Strassburg ums Jahr 1505 gedruckte deutsche Räthselsammlung. Neu herausgegeben. 8°. pp. X, 38. 1876. M. 4. —

Elsässische Litteraturdenkmäler aus dem XIV.—XVII. Jahrhundert. Hrsg. von Ernst Martin und Erich Schmidt.
   I. Band. Das heilige Namenbuch von Konrad Dangkrotzheim. Mit einer Untersuchung über die Cisio Jani hrsg. von Karl Pickel. 8. VI, 124 S. 1878. M. 3. -
   II. Band. Joseph. Biblische Komödie von Thiebold Gart. 1540 (hrsg. v. Er. Schmidt). 8°. 124 S. 1880. M. 3. —
   III. Band. Das goldene Spiel von Meister Ingold. Hrsg. von Edw. Schröder. 8°. XXXIII, 98 S. 1882. M. 3. —

Kluge, Friedr., Etymologisches Wörterbuch der deutschen Sprache. 3. unveränderter Abdruck. Lex.-8°. M. 10. 50

Kräuter, J. F., Zur Lautverschiebung. 8°. 154 S. 1877. M. 4. —

Müller, Max. Ueber die Resultate der Sprachwissenschaft. Vorlesung, gehalten am 23. Mai 1872 an der kais. Universität zu Strassburg. 3. unveränderte Aufl. 8° 32. S. 1872. M. —, 80.

— — Einleitung in die vergleichende Religionswissenschaft. Vier Vorlesungen nebst zwei Essays über falsche Analogien in der vergleichenden Theologie und über die Philosophie der Mythologie. Zweite Auflage. 8°. pp. V, 353 S. mit dem Porträt des Verfassers. 1876. M. 6. —

Notkers Psalmen. Nach der Wiener Handschrift hrsg. von Rich. Heinzel und Wilh. Scherer. 8°. XI, 327 S. 1876. M. 8. —

Riddarasögur. Parcevals Saga, Valvers Thattr, Ivents Saga, Mirmans Saga. Zum ersten Male herausgegeben und mit einer litterarhistor. Einleitung versehen von Dr. Eugen Kölbing. 8°. pp. LV, 220 S. 1872. M. 7. —

Schaible, K. H., Deutsche Hieb- und Stichworte. 8°. IV, 91 S. 1879. M. 2. —
   Eine Etymologie der deutschen Flüche und Schimpfwörter.

Ungedruckte Anglonormannische Geschichtsquellen. Herausg. von F. Liebermann. 8°. VI, 359 S. 1879. M. 7. —

Urkundenbuch der Stadt Strassburg. I. Band. Urkunden und Stadtrechte bis zum Jahre 1266. Bearbeitet von Wilhelm Wiegand. 4°. XV, 585 S. 1879. M. 30. —

— — III. Band. Privatrechtliche Urkunden und Amtslisten von 1266 - 1332 bearbeitet von Aloys Schulte. 4°. XLVII. 451 S. 1884. M. 24. —
   Der II. Band erscheint Anfang 1886.

Strassburger Studien. Zeitschrift für Geschichte, Sprache und Litteratur des Elsasses hrsg. von E. Martin und W. Wiegand.
   I. Band. 8°. 1883. M. 12. —
     Inh.: Socin, Die althochdeutsche Sprache im Elsass vor Otfrid von Weissenburg. — Preuss, Studien über Gottfried von Strassburg etc.
   II. Band 1. Heft. M. 2. 50
     Inh.: Thomas Murners Mühle von Schwindelsheim hrsg. von Abrecht u. A. m.
   II. Band 2. u. 3. Heft. M. 5. 50
     Inh.: Mankel, die Mundart des Münsterthales im Elsass u. A. m.
   II. Band 4. Heft. M. 7. —
     Inh.: Schricker, Aelteste Grenzen und Gaue im Elsass. Mit 4 Karten.

XXIV. Die Handschriften u. Quellen Willirams, v. Josef Seemüller. M. 2. 50
XXV. Kleinere lateinische Denkmäler der Thiersage aus dem XII. bis XIV. Jahrhundert. Herausgegeben von E Voigt. M. 4. 50
XXVI. Die Offenbarungen der Adelheid Langmann hrsg. v. Phil. Strauch. M. 4. —
XXVII. Ueber einige Fälle des Conjunctivs im Mittelhochdeutschen. Ein Beitrag zur Syntax des zusammengesetzten Satzes. V. Ludw. Bock. M. 1. 50
XXVIII. Willirams deutsche Paraphrase des hohen Liedes Mit Einleitung und Glossar herausgeg. von Joseph Seemüller. M. 8. —
XXIX. Die Quellen von Notkers Psalmen. Zusammengestellt v. E. Henrici. M. 8. —
XXX. Joachim Wilhelm von Brawe. Der Schüler Lessings. Von August Sauer. M. 3. —
XXXI. Nibelungenstudien von R Henning. M. 6. —
XXXII. Beiträge zur Geschichte der Germanischen Conjugation. Von Friedr. Kluge. M. 4. —
XXXIII. Wolframs von Eschenbach Bilder und Wörter für Freude und Leid. Von Ludwig Bock. M. 1. 60
XXXIV. Aus Goethes Frühzeit. Bruchstücke eines Commentars zum jungen Goethe. Von W. Scherer. M. 3. —
XXXV. Wigamur. Eine litterarhistorische Untersuchung v. Greg. Sarrazin. M. 1. —
XXXVI. Taulers Bekehrung. Kritisch untersucht v. Heinr. Seuse Denifle. M. 3. 50
XXXVII. Ueber den Einfluss des Reimes auf die Sprache Otfrids. Mit einem Reimlexicon zu Otfrid. Von Theod. Ingenbleek. M. 2. —
XXXVIII. Heinrich v Morungen u. die Troubadours. Von Ferd. Michel. M 6 —
XXXIX. Beiträge zur Kenntniss der Klopstock'schen Jugendlyrik. Von Erich Schmidt. M. 2. —
XL. Das deutsche Ritterdrama des XVII. Jahrhunderts. Studien über Jos. Aug. v. Törring, seine Vorgänger u. Nachfolger. Von Otto Brahm. M. 5. —
XLI. Die Stellung von Subject und Prädicatsverbum im Heliand Nebst einem Anhang metrischer Excurse. Ein Beitrag zur german. Wortbildungslehre. Von John Ries. M. 3. —
XLII. Zur Gralsage. Untersuchungen von Ernst Martin. M. 1. 50
XLIII. Die Kindheit Jesu von Konrad von Fussesbrunnen. Herausgeg. von Karl Kochendörffer. M. 4. —
XLIV. Das Anegenge. Eine litter.-hist. Untersuchg. v. E. Schröder. M. 2. —
XLV. Das Lied von King Horn. Mit Einleitung, Anmerkungen und Glossar von Theodor Wissmann. M. 3. 50
XLVI. Ueber die ältesten hochfränkischen Sprachdenkmäler. Ein Beitrag zur Grammatik des Althochdeutschen. Von Gust. Kossinna. M 2. —
XLVII. Das deutsche Haus in seiner historischen Entwicklung. Von Rud. Henning. Mit 64 Holzschnitten. M. 5. —
XLVIII. Die Accente in Otfrids Evangelienbuch. Von N. Sobel. M. 3. —
XLIX. Ueber Georg Greflinger von Regensburg, als Dichter, Historiker und Uebersetzer. Eine liter.-histor. Unters. von W. v. Oettingen. M. 2. —
L. Eraclius. Deutsches Gedicht des XIII. Jahrhunderts. Herausg. von Harald Graef. M. 5. —
LI. Mannhardt Mythologische Forschungen. Hrsg. von Herm. Patzig. Mit Vorreden von Karl Müllenhoff und W. Scherer. M. 9. —
LII. Laurence Minots Lieder. Mit grammatisch-metrischer Einleitung von Wilh. Scholle. M 2. —
LIII. Der zusammengesetzte Satz bei Berthold von Regensburg. Ein Beitrag zur mittelhochdeutschen Syntax von Hubert Roetteken. M. 2. 50
LIV. Konrads von Würzburg Klage der Kunst. Hrsg. v. Eugen Joseph.
LV, 1. Das friesische Bauernhaus in seiner Entwicklung während der letzten vier Jahrhunderte. Von Otto Lasius. M. 38 Holzschn. *Unter d. Presse.*
LV, 2. Excurs zum deutschen Hause von Rudolf Henning. *U. d. Presse.*
LVI. Die galante Lyrik. Von Max Freiherr von Waldberg.
LVII. Die altdeutsche Exodus hrsg. v. Ernst Kossmann. *Unter d. Presse.*

QUELLEN UND FORSCHUNGEN
ZUR
SPRACH- UND CULTURGESCHICHTE
DER GERMANISCHEN VÖLKER.
HERAUSGEGEBEN VON
B. TEN BRINK, E. MARTIN, W. SCHERER
55. HEFT, 2. THEIL.

DIE

DEUTSCHEN HAUSTYPEN.

NACHTRÄGLICHE BEMERKUNGEN

VON

RUDOLF HENNING.

STRASSBURG.
KARL J. TRÜBNER.
—
LONDON.
TRÜBNER & COMP.
1886.

VERLAG VON KARL J. TRÜBNER IN STRASSBURG.

QUELLEN UND FORSCHUNGEN
ZUR
SPRACH- UND CULTURGESCHICHTE
DER GERMANISCHEN VÖLKER.

HERAUSGEGEBEN
VON
BERNH. TEN BRINK, ERNST MARTIN, WILHELM SCHERER.

In dieser Sammlung sollen zunächst die an der Strassburger Hochschule unternommenen Arbeiten, welche sich auf die Erforschung des weiten Sprach-, Litteratur- und Culturgebietes der germanischen Völker beziehen, zusammengefasst werden.

Der herabgesetzte Preis für die Hefte 1—49 ist am 1. Jan. 1885 erloschen.

I. Geistliche Poeten der deutschen Kaiserzeit. Studien von Wilhelm Scherer. I. Zu Genesis und Exodus. M. 2. —
II. Ungedruckte Briefe von und an Johann Georg Jacobi, mit einem Abrisse seines Lebens und seiner Dichtung hrsg. v. Ernst Martin. M. 2. 40
III. Ueber die Sanctgallischen Sprachdenkmäler bis zum Tode Karls des Grossen. Von R. Henning. M. 4. —
IV. Reinmar von Hagenau und Heinrich von Rugge. Eine literarhistorische Untersuchung von Erich Schmidt. M. 3. 60
V. Die Vorreden Friedrichs des Grossen zur Histoire de mon temps. Von Wilhelm Wiegand. M. 2. —
VI. Strassburgs Blüte und die volkswirthschaftliche Revolution im XIII. Jahrhundert von Gustav Schmoller. M. 1. —
VII. Geistliche Poeten der deutschen Kaiserzeit. Studien von W. Scherer II. Heft. Drei Sammlungen geistlicher Gedichte. M. 2. 40
VIII. Ecbasis captivi, das älteste Thierepos des Mittelalters. Herausgegeben von Ernst Voigt. M. 4. —
IX. Ueber Ulrich von Lichtenstein. Historische und litterarische Untersuchungen von Karl Knorr. M. 2. 40
X. Ueber den Stil der altgerman. Poesie von Rich. Heinzel. M. 1. 60
XI. Strassburg zur Zeit der Zunftkämpfe und die Reform seiner Verfassung und Verwaltung im XV. Jahrhundert von Gustav Schmoller. Mit einem Anhang, enthaltend die Reformation der Stadtordnung von 1405 und die Ordnung der Fünfzehner von 1433. M. 3. —
XII. Geschichte der deutschen Dichtung im XI. und XII. Jahrhundert. Von Wilhelm Scherer. M. 3. 50
XIII. Die Nominalsuffixe a und â in den germanischen Sprachen. Von Heinrich Zimmer. M. 7. —
XIV. Der Marner. Herausg. von Philipp Strauch. M. 4. —
XV. Ueber den Mönch von Heilsbronn Von Albrecht Wagner. M. 2. —
XVI. King Korn. Untersuchungen zur mittelenglischen Sprach- u Litteraturgeschichte von Theod. Wissmann. M. 3. —
XVII. Karl Ruckstuhl. Ein Beitrag zur Goethe-Litteratur v. L. Hirzel. M. 1.—
XVIII. Flandrijs. Fragmente eines mittelniederländischen Rittergedichtes. Zum ersten Male herausgegeben von Johannes Franck. M. 4. —
XIX. Eilhart von Oberge. Zersten Male hrsg. v. F. Lichtenstein. M. 14. —
XX. Englische Alexius-Legenden aus dem XIV. und XV. Jahrh. Herausg. von J. Schipper. 1: Version I. M. 2. 50
XXI. Die Anfänge des Prosaromans in Deutschland und Jörg Wickram von Colmar. Eine Kritik von Wilh. Scherer. M. 2. 50
XXII. Ludwig Philipp Hahn. Ein Beitrag zur Charakteristik der Sturm- und Drangzeit von Rich. Maria Werner. M. 3. —
XXIII. Leibnitz und Schottelius. Die Unvorgreiflichen Gedanken. Untersucht

QUELLEN UND FORSCHUNGEN

ZUR

SPRACH- UND CULTURGESCHICHTE

DER

GERMANISCHEN VÖLKER.

HERAUSGEGEBEN

VON

BERNHARD TEN BRINK, ERNST MARTIN, WILHELM SCHERER.

LV, 2.
DIE DEUTSCHEN HAUSTYPEN.

STRASSBURG.
KARL J. TRÜBNER.

LONDON.
TRÜBNER & COMP.
1886.

DIE
DEUTSCHEN HAUSTYPEN.

NACHTRÄGLICHE BEMERKUNGEN

VON

RUDOLF HENNING.

STRASSBURG.
KARL J. TRÜBNER.

LONDON.
TRÜBNER & COMP.
1886.

Wie sehr wir dem Verfasser der im ersten Theil dieses Heftes veröffentlichten Abhandlung zu Danke verpflichtet sind, dass er in so vorgerückten Lebensjahren es unternahm, alles auf den volksthümlichen Hausbau seines engeren friesischen Heimathlandes bezügliche Material, theils noch vorhandenes, theils schon geschwundenes das den später Lebenden nicht mehr zugänglich gewesen wäre, — zu einem sachverständig entworfenen Gesammtbilde zu vereinigen, bedarf wohl keiner ausdrücklichen Versicherung. Denn wenn wir auch über manche Dinge noch weitere Aufklärungen bedürfen, welche eine ähnliche Durchforschung der Nachbargebiete ja vielleicht erbringen wird, so ist doch eine erste zuverlässige Grundlage gewonnen, welche ich bei meiner früheren Besprechung des friesischen Stiles leider entbehren musste. Dieselbe ist nunmehr in wesentlichen Punkten zu vervollständigen und zu corrigiren, während sie in anderer Hinsicht eine noch verstärkte Stütze erhält.

Was aus den bisherigen Nachrichten erst theilweise und nur in den Umrissen zu erkennen war, tritt jetzt in seiner vollen Schärfe hervor: der tief greifende Unterschied, der zwischen der Anlage des sächsischen und des friesischen Hauses besteht, ein Unterschied von so ausgesprochenem und principiellem Charakter, dass er nicht erst ein secundärer oder später entwickelter sein kann, sondern nothwendig schon in die Zeiten der ersten Ausbildung beider Baustile zurückgehen muss. Ist doch gerade derjenige Abschnitt, welcher dem sächsischen Hause sein specifisches Gepräge aufdrückt, der ihm jene oft gerühmte Einheit und Uebersichtlichkeit verschafft, in dem friesischen zu einem ganz entgegengesetzten, die Uebersichtlichkeit gerade zu aufhebenden Zwecke bestimmt. An Stelle der breiten und offenen Mitteldiele lagern hier hoch aufgestapelte Heu- und Kornmassen, welche vom Boden bis unters Dach emporreichen, und den festen Kern bilden, an den sich ringsum die übrigen Theile des Hauses anlehnen. Die Construction hat zugleich etwas überraschend Primitives und ist von Lasius in sehr zutreffender Weise als eine Art 'Feimengerüste' bezeichnet worden.

Aus dem vorgelegten Material, welches uns bis in die Mitte des sechzehnten Jahrhunderts zurückführt, ergibt sich ferner mit Sicherheit, dass das friesische Bauernhaus, wie der Verfasser es darstellt, in den behandelten Gegenden durch mehr als drei Jahrhunderte als ein im Wesentlichen unveränderter Dauertypus fortbestanden hat, dessen feste Zähigkeit uns noch ein höheres Alter desselben vermuthen lässt. Die dem Ende des 17. Jahrhunderts entstammenden Grundrisse des Cadovius-Müller dürfen daneben zwar nicht ganz unberücksichtigt bleiben, denn ihr Verfasser, der bereits 16 Jahre im Lande war, als er sie aufzeichnete, kann sie sich unmöglich aus der Luft gegriffen haben; aber sie besitzen nur noch einen untergeordneten Werth, wegen des Mangels an detaillirten Angaben und wegen der nicht ganz glücklichen Auswahl.

Dass die beiden neben einandergestellten Wirthschaftsgebäude, bei denen wohl ein Exemplar wie Lasius Figur 6 vorgeschwebt hat, nicht ursprünglich sind, sondern umgekehrt auf einer Vermehrung der alten, einfachen Anlage beruhen, geht aus den Mittheilungen des Verf. deutlich hervor. Das 'Middelhues' und der aus Pisel und Küche bestehende Wohnraum könnten in ihrer Absonderung und Eintheilung noch eher eine allgemeinere Geltung gehabt haben, da sie einigermassen an das alte Pfarrhaus von Waddewarden (Fig. 13) erinnern, wenn ich den Grundriss und die Beschreibung desselben recht verstehe. Aber auch sonst begünstigte die Disposition des friesischen Hauscomplexes eine grössere Selbständigkeit von Wohn- und Wirthschaftsräumen entschieden mehr, wie dies im sächsischen Hause der Fall ist. In den alten Herren- und Bauernhäusern des 16. Jahrhunderts und der späteren Zeit werden beide Theile durch einen abgeschlossenen Gang, oder — wie das schon die erhöhte Feuersgefahr bedingte — wenigstens durch eine feste Mauer von einander getrennt, wenn sie auch im Uebrigen mit dem 'Berg' zu einer fortlaufenden Construction vereinigt sind.

In Betreff der Einrichtung des Wohnraumes zeigt sich keine völlige Uebereinstimmung, doch darf als der vorherrschende Typus wohl derjenige betrachtet werden, bei dem nach der Scheune zu Vorhaus und Küche liegen, denen häufig noch eine kleine Stube abgespart ist, während an der anderen Aussenfront des Hauses die grosse Wohnstube nebst Kammern angebracht sind. Hierzu stimmen im Allgemeinen nicht nur Fig. 2. 3. 4. 6, sondern auch Fig. 10 und im Wesentlichen Fig. 12, wenn wir von dem Pisel absehen dürfen, sowie Fig. 13. Ob daneben die Dreitheilung, welche Fig. 5 darstellt, als altherkömmlich gelten darf, oder ob sie auf einer Anpassung an die Scheune beruht, kann erst weiteres Material ergeben.

Einen wichtigen Beitrag für die Beurtheilung aller dieser Dinge, würden wir erhalten, wenn es uns gelänge, die Frage zu beantworten, in welchem Verhältniss der Wohnraum der Bauern- und Herrenhäuser mit der Grundrissanlage des vollkommen selbständigen Wohnhauses steht, das einerseits durch das alte Fischerhaus von Spiekeroog v. J. 1746, andererseits durch das Häuslingshaus Fig. 9 repräsentirt wird. Das letztere lässt sich am Ende als eine Einschrumpfung des grossen Bauernhauses begreifen, das erstere dagegen um Vieles schwerer. Die drei hintereinander liegenden Abschnitte: der grosse vorn am Giebel befindliche Vorraum, von dem die kleine Küche und Kammer ausgespart sind, die darauf folgende grosse Küche, und die Stube am hinteren Ende, neben denen allen sich an der einen, nicht durch Fenster in Anspruch genommenen Seite, Stallung und Kammer hinziehen, haben ihren besonderen Charakter, der uns vielleicht noch weiter führen kann. Doch werden wir gut thun, mit den betreffenden Erwägungen zu warten, bis wir versichert sind, ob der Grundriss, der schwerlich auf das Vorbild der inneren Schiffsdisposition zurückdeutet, in der That als der typische Repräsentant des normalen Inselhauses dieser Gegenden zu betrachten ist, was allerdings bei der in der Regel vorhandenen Uebereinstimmung aller älterer Hausanlagen als das Wahrscheinlichere gelten darf; und bis ferner auch aus den übrigen friesischen Landschaften ein geordnetes Material vorliegen wird.

In Betreff der Heimath des friesischen Bauernhauses möchte ich noch hinzufügen, dass das letztere ebenso wie in dem Gebiet zwischen Weser und Dollart, auch in dem westlichen Friesland überall als das volksthümliche verbreitet zu sein scheint. Aus dem in der holländischen Grafschaft Geldern gelegenen Dorfe Völlen hat Bezold als Repräsentanten der dortigen volksthümlichen Bauart den Grundriss eines Hauses v. J. 1643 veröffentlicht [1], welches besonders in Betreff der Wirthschaftsräume so vollständig mit den von Lasius mitgetheilten Grundrissen übereinstimmt, dass an der Identität dieser Anlagen kein Zweifel übrig bleibt. Der breite, aus 5 Fachen bestehende mittlere Abschnitt enthält auch hier den Platz zum Aufspeichern von Heu und Getreide, rechts und links davon sind die beiden Dielen nebst den Ställen angebracht, während der Pferdestall an der Rückseite, zwischen den beiden Eingängen, gerade so an den Fachraum angelehnt ist, wie der abgesonderte Wohnraum vorne die ganze Anlage abschliesst.

Neben diesen ursprünglicheren Typen können die Häuser aus der Grafschaft Mörs und Cleve nur als eine Mischart zwischen dem sächsischen und friesischen Hause aufgefasst werden. Wie die Grenze zwischen beiden Stilgebieten läuft, ist im Einzelnen nicht sicher festgestellt. Westlich der Ems scheint sie das Saterland zu streifen, in welchem noch einige Häuser der friesischen Manier vorhanden sein sollen, während im Allgemeinen bereits die westfälische Bauart die herrschende ist.[2]

---

[1] G. v. Bezold, Der niederdeutsche Wohnhausbau und seine Bedeutung für die allgemeine Baugeschichte, in der Allgemeinen Bauzeitung von Köstlin, Band 46 (Wien 1881) S. 75—80.

[2] Das Saterland Feuilleton der Weser-Zeitung vom 18. Januar

In seiner vollen Ursprünglichkeit, obwohl durch einen gewissen Zwischenraum getrennt, tritt uns sodann das friesische Haus nochmals entgegen im Eiderstedter Lande. Zwei von competenter Seite als für diese Gegend typisch mitgetheilte Originalgrundrisse stimmen fast völlig mit einander überein, nur ist der von Lütgens publicirte noch etwas ursprünglicher, und mit den ostfriesischen Anlagen nahezu identisch, während derjenige bei Reventlow-Warnstedt[1] in Bezug auf die Ausgänge eine modificirte Disposition erkennen lässt. Auf beiden ist wiederum der mit einer eigenen Hausdiele versehene Wohnraum in strengerer Weise von dem Wirthschaftsgebäude abgesondert. Jahreszahlen über das Alter der noch vorhandenen Heuberge, welche auch im Kronprinzen Koog bei Marne, der Heimath Müllenhoffs, vorkommen (R.-W. S. 223), sind bisher leider nicht mitgetheilt, doch gelten dieselben in diesen Marschlandschaften als die einzig volksthümliche und althergebrachte Bauart, welche zur Zeit schon im Aussterben begriffen ist.

Angesichts dieser merkwürdigen Thatsache drängt sich uns die Frage auf, ob diese Hausform auch hier als die altheimische und 'urfriesische' gelten darf, oder ob sie erst durch eine Kolonisation oder Kulturübertragung aus dem eigentlichen Friesland in diese Gegenden gelangt ist, von welcher die nördlichere schon im zwölften Jahrhundert aus den alten Dreilanden, den Inseln Eiderstedt, Everschop und Utholm, zu dem jetzigen Eiderstedt zusammenwuchs. Glücklicherweise brauchen

---

1885 von Ss. — Auf ältere (wohl westfälische) Bauernhäuser aus dem Anfang des 17. Jahrhunderts in den Dörfern Hollen und Ramsloh wird besonders aufmerksam gemacht, und es wäre in der That interessant, einige detaillirte Grundrisse aus diesen abgelegenen Grenzgebieten zu erhalten. Vgl. auch Der Globus VII S. 301 f.

[1] Beiträge zur land- und forstwirthschaftlichen Statistik der Herzogthümer Schleswig und Holstein, gesammelt vom Vorstande der elften Versammlung deutscher Land- und Forstwirthe, dem Grafen Ernst Reventlow-Farve und dem Kammerherrn etc. v. Warnstedt. Altona 1847. Tafel XX. Aus dieser vortrefflichen Publication, welche mir für das deutsche Haus nur zeitweise vorlag, sind in sehr verschlechterter Gestalt die meisten der Hamm'schen Grundrisse in Westermanns Monatsheften wiederholt.

wir die Entscheidung nicht an die noch unaufgeklärte Frage über den Ursprung der Nordfriesen anzuknüpfen, sondern können sie wenigstens theilweise schon durch die Vergleichung der volksthümlichen Haustypen aus den übrigen nordfriesischen Landschaften zum Austrag bringen.

Denn wenn diese Bauart auch hier eine specifisch friesische wäre, so müssten wir erwarten, dass sie in denjenigen Gegenden, welche noch zäher wie Eiderstedt an der friesischen Eigenart festhielten, vornehmlich also in den Uthlanden, in gleichem Masse anzutreffen sein würde. Das ist aber keineswegs der Fall. Vielmehr trägt die Hausanlage in den Tondernschen Marschen (Reventlow-Warnstedt Taf. XXI, vgl. S. 56) und auf der Insel Pellworm (Lütgens Taf. 37) einen abweichenden Charakter, der auch nicht etwa seinerseits auf Entlehnung beruht, da er weder mit dem dänischen noch mit dem sächsischen Typus übereinstimmt, sondern zwischen diesen beiden und dem friesischen eine Art vermittelnder, aber doch wieder eigenthümlicher Sonderstellung einnimmt. So liegt es denn wohl näher, den Eiderstedter Heuberg auf eine alte Kulturübertragung aus dem westlichen Friesland zurückzuführen. Ueber die Zeit, in welcher dieselbe stattgefunden haben kann, fehlt uns indess fast jeglicher Anhalt. Von vorn herein ausgeschlossen sind nur die letzten Jahrhunderte und ebenso fast das ganze 14. und 15. Jahrhundert, welche für diese Landschaft in Folge der verschiedenartigsten und schrecklichsten Schicksale eine Periode des niedergedrücktesten wirthschaftlichen Lebens bezeichnet. Mag man nun an das Ende des 15. und das 16. Jahrhundert, oder an eine dem 14. noch vorausliegende Zeit denken, jedenfalls erhalten wir durch diesen Zusammenhang noch eine weitere Bekräftigung für das Alter unserer Bauart in ihrem eigentlichen Heimathlande.

Dafür, dass es in dem letzteren schon seit langer Zeit grosse Häuser gab, welche vermuthlich den gesammten Wirthschaftsbedarf und Wintervorrath unter ihrem schützenden Dache vereinigten, dürfen wohl auch die altfriesischen Rechtsquellen zum Zeugniss aufgerufen werden.

Aus einer formelhaften, fast gleichlautenden Bestimmung des Emsiger, Hunsingoer und Westerlauwerschen Landrechts, welche man in die erste Hälfte des 13. Jahrhunderts setzt, geht wenigstens so viel hervor, dass zu jener Zeit 9 Fache für ein Haus kein landesunübliches Mass war. Es heisst in derselben:[1] 'Tha [penningar] skelen alsa stor wesa, thet ma se hera muge ur niugen fece huses ina ene leflene (Becken) clinna' etc. Wenn wir nun annehmen dürften, dass ein Fachwerk damals ungefähr ebenso gross war wie jetzt, so würde sich die Länge eines solchen Gebäudes zwischen Fig. 3 (mit 13 Fachwerken des Wirthschaftsraumes) und Fig. 4 einordnen. In der That erhält diese Annahme von einer anderen Seite her eine gewisse Bestätigung. Denn auf Grund der nämlichen Landessatzungen muss sich der sagenhafte Bericht des Saxo Grammaticus aus dem Ende des 12. Jahrhunderts, über die von dem alten Dänenkönig Godricus in Friesland erhobenen Steuern, gebildet haben. Nach demselben sollte das Haus, in welchem der Klippschild erlegt wurde, aus 12 Fachwerken bestehen (bissenis distincta spatiis quorum quodlibet vicenorum pedum intercapedine tenderetur I, S. 437 ed. Müller-Velschow) und 240 Fuss lang sein, was zu dem aus 13 Fachwerken bestehenden, 200 Fuss langen Wirthschaftsgebäude von Lasius Fig. 3 im Allgemeinen stimmt. Die Zahlen des Saxo sind nun freilich nicht der Wirklichkeit entnommen, aber sie tragen doch etwas Formelhaftes an sich und werden gegen die thatsächlichen Verhältnisse wenigstens nicht allzu sehr verstossen haben; und selbst wenn wir die Fache von 20 Fuss etwas reduciren, kommen wir immer noch auf dieselben Verhältnisse wie Fig. 3 sie repräsentirt.

Grosse, den Südländern auffallende Scheunen waren in den Küstengegenden der Nordsee aber schon in uralter Zeit gebräuchlich. Denn zu den Merkwürdigkeiten die dem Pytheas von Massalia hier entgegentreten, gehörten eben die 'grossen Häuser', in welchen von den Bewohnern 'die Ähren' geborgen und ausgedroschen wurden.[2] Wenn wir nun auch alle weiter gehenden Combinationen ablehnen müssen, so ist

---

[1] v. Richthofen, Friesische Rechtsquellen S. 15 und 42, vgl. S. 449, 6 und Jacob Grimm, Deutsche Rechtsalterthümer S. 77 f.

[2] Τὸν δὲ σῖτον, ἐπειδὴ τοὺς ἡλίους οὐκ ἔχουσι καθαρούς, ἐν οἴκοις μεγάλοις κόπτουσι, συγκομισθέντων δεῦρο τῶν σταχύων· αἱ γὰρ ἅλως ἄχρηστοι γίνονται διὰ τὸ ἀνήλιον καὶ τοὺς ὄμβρους;. Strabo, Geograph. IV, 5, 5.

es sicherlich doch interessant, jene grossen friesischen 'Feimengerüste' kennen gelernt zu haben, welche das aufgespeicherte Heu und Korn, den 'Berg', nebst der Dreschdiele und dem Gelass fürs Vieh unter ihrem hohen Dache vereinigen, und dabei in ihrem Aufbau einen zwar sehr soliden und vervollkommneten, aber in dem der Construction zu Grunde liegenden Princip denkbar primitiven Charakter tragen. —

Die sprachlichen Benennungen, welche Lasius noch mitzutheilen im Stande ist, sind leider nicht sehr zahlreich. Von ihnen wird der 'Puybalken' (S. 6 vgl. Fig. 2) auf eine holländische Constructionsverbesserung deuten, während die übrigen als alteinheimische anzusehen sind. Das Hammfach (S. 5) lässt sich befriedigend aus dem Altdeutschen erklären. Denn der erste Theil des Wortes ist zweifellos identisch mit dem saterländischen 'hom',[1] welches den weit über den Eingang hinausragenden Walm des Daches bezeichnet, unter dem auch in den jeverschen Häusern der betreffende kleine Fachraum angelegt ist; beide zusammen aber sind von dem altfriesischen hama, homa (altsächs. hamo) 'Bedeckung, Bekleidung' nicht zu trennen.

Von den Namen constructiver Einzelheiten ist das 'Rimm' ein weit verbreiteter. Denn der Querbalken der über den aufgerichteten Ständern und Säulen liegt und dieselben oben verbindet, heisst auch in Niedersachsen 'Rimm', in Fühnen und Jütland 'Rem'.[2] Der Zusammenhang mit dem bairischen 'Rem' (Fem.) für ein Gestell von Leisten oder Brettern, aber auch für den Tennebalken und Heuboden ist, trotz dem abweichenden Geschlecht, wohl nicht von der Hand zu weisen; überdies bieten die althochd. rama 'columen, sustentaculum', mhd. ram st. F., rame schw. Masc., reme schw. Fem. und das gothische hramjan 'crucifigere' eine weitere Anlehnung dar.[3]

Noch deutlicher ist das 'Fach' ein altgermanischer Ausdruck. Denn wenn es auch eine etymologische Schwierig-

---

[1] Weserzeitung a. a. O.
[2] Bremisches Wörterbuch III 495. Molbech, Dansk Dialect Lexicon S. 443 ff.
[3] Schmeller, Bayrisches Wörterbuch² II 92 f. Mhd Wb. II, 1, 551 f.

keit darbietet, so ist es doch in allen westgermanischen Dialecten belegt, und bezeichnet in denselben, in örtlichem wie gelegentlich in zeitlichem Sinne, den Zwischenraum (spatium) zwischen zwei verbundenen Theilen. Für die einzelnen Wirthschaftsräume sind in Ostfriesland, wie es scheint, keine alten Benennungen mehr vorhanden, während die hauptsächlichsten derselben in Eiderstedt, wie in anderen Gegenden von Schleswig, noch in ihrer richtigen Anwendung fortbestehen. Die 'Lohe' ist hier ebenso wie die schwedische 'loghe' und die ins Finnische hinüber genommene 'luuva'[1] die Tenne, der Dreschplatz, wofür im Gothischen 'gaprask' neu gebildet zu sein scheint. Ebenso gilt der 'Boos', gleich dem nordenglischen 'boose', dänischem baas, altnord. báss und dem vielleicht hierhergehörigen finnischen 'pahna' (Stroh, Streu, Lagerstelle), welche alle auf eine germanische Grundform 'bansas' zurückführen, für den Kuh- oder Viehstall, und stimmen somit genau zu dem altindischen 'bhâsas', Kuhhürde; während in dem gothischen, durch Suffix -ti- weitergebildeten 'bansts' ($\dot{\alpha}\pi o \vartheta \acute{\eta} \varkappa \eta$, als Aufbewahrungsort des Kornes), ebenso wie in den mitteldeutschen, ihrer Form nach den nordgermanischen Worten näher stehenden 'Bans, Banse, Bansen', eine, wie es scheint unursprüngliche Verallgemeinerung des Begriffes stattgefunden hat, welche anzeigt, dass Kuhstall und Scheune ein im Wesentlichen identischer oder gleichartiger Raum geworden waren. Es darf dies um so mehr angemerkt werden, als für den Schaafstall ein eigenes Wort 'avistr' besteht, woraus man freilich noch nicht wird folgern dürfen, dass die Gothen sich zur Zeit des Ulfilas mehr auf die Zucht des Kleinviehes, als auf die 'Holländerei' d. h. die Milch- und Käsewirthschaft verlegt hatten. —

Diese kurzen Bemerkungen wollte ich der Abhandlung von Herrn Lasius hinzufügen. Vielleicht werden sie Diesen oder Jenen zu weiteren Mittheilungen veranlassen und so die Forschung über das Altdeutsche Haus wiederum um einige Schritte fördern helfen. Eins aber wird jetzt wohl nicht mehr nöthig sein, nämlich auseinanderzusetzen, dass man in

---

[1] Thomsen, Ueber den Einfluss der germanischen Sprachen auf die finnisch-lappischen, übersetzt von Sievers, S. 51. 152.

der That berechtigt ist, die friesische Bauart als eine eigenartige und autochthone aufzufassen, welche als eine besondere Gruppe den übrigen an die Seite zu stellen ist. Die Verhältnisse liegen nunmehr so klar vor Augen, dass selbst diejenigen Kritiker, welche meine Aufstellung eines friesischen Typus ohne Weiteres meinten ablehnen zu können, allmählich wohl den vorliegenden Thatsachen werden Rechnung tragen müssen. Und dasselbe was von dem friesischen Hause gilt, darf zum Theil in noch höherem Grade für die übrigen von mir aufgestellten Haustypen in Anspruch genommen werden.

Herr L. Erhardt äussert sich über diese Fragen in v. Sybel's Historischer Zeitschrift 51, 498 f. in folgender Weise: 'Eine nähere Betrachtung der Grundrisse ergibt zwischen der sächsischen Bauart einerseits und der friesischen und anglo-dänischen andererseits eine so durchgängige Verwandtschaft, dass wir die beiden letzteren mit Meitzen nur als Modificationen der sächsischen anzuerkennen vermögen.... Jedenfalls reicht für die historische Betrachtung die Unterscheidung von drei Grundtypen, dem fränkischen, dem sächsischen und dem nordischen, völlig aus' S. 501. Und weiterhin 'das friesische Haus kann hier überhaupt gar nicht in Frage kommen. Es zeigt, ebenso wie das anglo-dänische, eine so wesentliche Gleichartigkeit mit dem sächsischen, dass eine von einander unabhängige Entwickelung dieser Typen ... ganz undenkbar ist . . Soweit unsere Kenntniss zurückreicht, finden wir in Friesland das sächsische Haus vertreten. . . Mir scheint daher unzweifelhaft, dass das friesische und anglo-dänische Haus nur als Nebenformen des sächsischen anzusehen sind, und sie können uns nunmehr zugleich zum Beweise dienen, dass der sächsische Typus einer Entwickelung zu neuen Formen nicht widerstrebte.' S. 505 f.

Dass Rec. sich die in Rede stehenden Grundrisse 'näher' angesehen habe, kann ich ihm durchaus nicht zugeben, vielmehr blieb seine Betrachtung eine so oberflächliche, dass er überhaupt nicht bis zum Bewusstsein ihrer Eigenthümlichkeit vorgedrungen ist. Gerade für die 'historische Betrachtung' sollte es doch ein höherer Grundsatz sein, die sich als verschiedenartig und zum Theil als gegensätzlich darstellenden Typen, besonders bei Stämmen, welche auch in ihrer Geschichte und Sprache eine Sonderentwickelung durchgemacht haben, zunächst einmal auseinander zu halten und sich um die Erkenntniss ihrer Eigenart zu bemühen, als sie vorschnell in einen Topf zu thun, oder gar, wo sie sich nicht fügen wollen, ganz über Bord zu werfen. Kann er für seine Behauptungen auch nur einen einzigen Grund aufweisen, der ins Gewicht fiele? Ich finde ihn nicht. Denn wenn auch, wie oben bemerkt, das Haus der Grafschaft Mörs nunmehr als ein Mischtypus in Wegfall kommt, und wenn auch der Grundriss des Cadovius-Müller nunmehr durch bessere zu ersetzen ist, welche uns den einheitlichen Charakter des friesischen Hauses erst recht erkennen lehren, so liess das beigebrachte Material doch schon so viel Besonderheiten hervortreten, dass beide Baustile nicht mehr confundirt werden durften. Oder soll wirklich die übrigens ganz richtige Notiz v. J. 1667, dass die Leute im Oldenburgischen Friesland 'a foco per ostium iumenta sua prospicere possint' schon eine vollgültige Widerlegung der Ansicht sein, dass die Friesen von je her auf eigene und besondere Weise ihre Häuser bauten? Freilich, wie rasch Rec. einen 'Beweis' in der Hand zu haben glaubt, lehrt der letztcitirte Passus in überraschender Deutlichkeit.

Etwas Anderes und von der Entstehung Unabhängiges ist es, wenn das friesische Haus in seinem Habitus dem sächsischen näher kommt als irgend einem anderen, obwohl es demselben in Bezug auf die Raumdisposition nicht so nahe steht wie die altnordische Halle. Jene Verwandtschaft findet in den sprachlichen und sonstigen Verhältnissen beider Gegenden eine vollkommene Analogie.

Noch ein gut Theil klarer, und man sollte meinen, selbst für den wenig Achtsamen in der Hauptsache unmittelbar einleuchtend, gestaltet sich die Frage in Betreff der 'anglischen' und der dänischen Bauart. Lediglich durch das zusammengebrachte, im Verhältniss reichlich fliessende Material, und nicht durch Constructionsbestrebungen, wie Erhardt (S. 501) vermuthet, sah ich mich genöthigt, für Schleswig und Jütland von dort ab, wo das sächsische Haus sich umzuwandeln beginnt (d. h. von Norder-Dithmarschen ab), einen neuen Typus anfangen zu lassen. Wie auf allen übrigen Gebieten vollzieht sich eben auch auf dem unseren ein allmählicher Uebergang zu einer anders gearteten, aber bestimmt ausgeprägten Individualität.[1] Wir gewahren zunächst eine Art Mischtypus, bei dem der eine Theil der Anlage (der Wirthschaftsraum), wenn auch, wie in den friesischen Marschen, in immer minimaler werdenden Resten, noch an dem sächsischen Stile hängt, während der andere, der sich aus mehreren Factoren zusammensetzt (Richtung des Hauses; Gruppirung von Wohnung, Scheune und Stall; sowie die Disposition des Wohnraumes selber) immer eigenartiger wird und sich ganz oder theilweise an die dänische Art anlehnt. Diesen Uebergangstypus, dessen Spielarten genauer festzustellen wohl der Lokalforschung überlassen werden darf, nannte ich in Ermangelung eines besseren Namens den anglischen, ohne damit etwas Anderes als eine 'vorläufige' Bezeichnung schaffen zu wollen.

Die dänische Bauart aber ist eine vollkommen eigenartige, die durch keinerlei Berührungen irgend wie belangreicher Art mit der sächsischen oder friesischen verknüpft wird, sondern mit ihnen in Bezug auf innere Einrichtung und äusseres Erscheinen in ausgesprochenem Contraste steht. Wie Erhardt die unter Fig. 33—35 besprochenen Typen noch an das sächsische oder friesische Haus anzuschliessen vermochte, ist mir, falls ihn eine Ueberlegung dabei leitete, absolut unerfindlich. Wer sich von meiner kurzen Darstellung noch nicht befriedigt fühlte, für den würden die letzten Zweifel geschwunden sein, wenn er sich entschlossen hätte, auch die zu Grunde gelegten Quellen, die sich übrigens noch vermehren lassen, einmal daraufhin anzusehen. Wer sich z. B. nur für verpflichtet gehalten hätte, das vortreffliche Lexicon von Molbech, welches der volksthümlichen Bauart eine besondere Berücksichtigung

---

[1] Dies ist freilich nicht dasselbe, als was Erhardt lehrt: 'dass wir überall das friesische sowohl wie das anglo-dänische Haus sehr stark mit dem eigentlich sächsischen untermischt finden'. Ob er das aus eigner Wissenschaft vermeldet? Mir wenigstens ist, wenn wir von vereinzelten Vorgängen und den als Neuerung unschwer zu erkennenden Bauten absehen, von einer solchen Untermischung nichts bekannt.

widmet, flüchtig durchzuarbeiten und das Buch von Lütgens damit zu vergleichen, würde sehr bald Belege für die Originalität meiner aus diesen Werken entnommenen Figuren 32 bis 35 finden, und sich überzeugen, dass es ein Wahngedanke war, das dänische Haus aus dem sächsischen oder friesischen abzuleiten. Denn es handelt sich hier nicht mehr um Unterschiede, sondern um die offenbarsten Gegensätze.

Trotzdem werden mit der Zeit wohl noch einige neue Gesichtspunkte in den Vordergrund treten. Es wird sich fragen, wie weit die dänische Bauart mit der nordischen combinirbar ist. Dieser Gedanke liegt ja zweifellos sehr nahe. Trotzdem aber glaube ich nicht, dass wir zu einer unmittelbaren Vereinigung beider Typen gelangen werden, da zwischen der alten Bauart von Jütland und Schweden einige bemerkenswerte Unterschiede, vor allem in Betreff der Aneinanderfügung der Räume, vorwalten. Nur die alten, einfachen Rauchstuben mit dem Loch in der schrägen Decke (altnord. ljóri, dän. lyre, engl. lover) waren in Jütland einst ebenso gebräuchlich, wie in England und in Norwegen und Schweden, wo sie jetzt zum Theil, nach Einführung einer grossen, backofenförmigen Feuerungsanlage, sich als saubere. und in ihrem Festschmuck überaus malerische 'Brunnenstuben' (DH. S. 63) darstellen. Zwei schöne Photographien aus Schonen, mit denen Herr Staatsrath Meldahl aus Kopenhagen mich in freundlicher Weise überraschte, geben davon einen lebhaften Eindruck.

Aber noch zu einer anderen Erwägung fordert das vorhandene Material uns auf. Es wird nicht minder zu untersuchen sein, ob nicht auch zwischen der Bauart der mittleren (und nördlichen?) Halbinsel und derjenigen von Mittel- und Oberdeutschland alte Beziehungen vorhanden sind, was die geschichtliche Entwickelung — man denke ausser den historischen Verhältnissen der Völkerwanderungszeit auch an die 'Lex Angliorum et Werinorum, hoc est Thuringorum' — wenigstens nicht ausschliesst.

Doch möchte ich diese Fragen heute noch bei Seite schieben, ich erwähne sie zunächst nur, um eine Bitte daran zu knüpfen. Wir würden nämlich ein wesentliches Hülfsmittel erhalten für die Erkenntniss der ursprünglichen Haustypen der cimbrischen Halbinsel, wenn uns auch der volksthümliche Baustil der von hier ausgewanderten englischen Stämme in genügender Weise aufgeschlossen würde. Es wird zwar eine nicht gerade leichte Aufgabe sein, die in England zusammenwirkenden Einflüsse zu entwirren, aber sie liegt doch im Bereiche des Ausführbaren, wenn sie nur zur rechten Zeit noch vorgenommen wird. Da mein Versuch über das deutsche Haus grade in England zum Theil eine so freundliche Aufnahme fand, so darf ich vielleicht hoffen, dass die dortigen Forscher auch dies praktische Resultat daran anzuknüpfen, nicht versäumen. Ich selber will nicht unerwähnt lassen, dass mir aus dem alten Städtchen Chester, an der Westküste von England, eine kleine Sammlung von Photographien vorliegt, welche eine Anzahl sehr alterthümlicher und einfacher Häuser, zum Theil aus der Mitte des 17. Jahrhunderts, darstellen, nebst dem typischen Grundriss der in ihnen befolgten Raumeintheilung. Die letztere, welche auch in holländischen Stadthäusern wiederzukehren scheint, ist fast ganz die nämliche wie in denjenigen bäuerlichen und städtischen Anlagen, welche sich an der östlichen Seite des sog. oberdeutschen Stilgebietes entlang ziehen, und von Böhmen durch Ober-Baiern, Tirol und Ober-Oesterreich bis zum Engadin sich fortsetzen (DH. S. 20 u. 149).

Wie bei der letzteren Gruppe ist bei den Häusern aus Chester der Giebel des zweigeschossigen, aber in beiden Stockwerken übereinstimmend disponirten Hauses der Strasse zugekehrt. Zunächst derselben liegt eine in sich abgeschlossene, tief in das Haus hineinreichende Vorhalle, welche in analoger Weise auch bei dem ältesten mir bekannten deutschen Exemplar, einem Hause aus Wittingau in Böhmen vom Jahre 1544[1], vorhanden ist. Dort wie hier zieht sich ferner ein Gang an der einen Seite durch das ganze Haus hindurch, während auf der anderen, neben dem Flur, in entsprechender Weise vorne die Stube, hinten die Küche abgetheilt sind.

Ob und in welcher Weise sich hier Mittelglieder herstellen werden, und wie alt die etwaigen Beziehungen sind,

---

[1] Mittheilungen der k. k. Centralcommission XIII, S. XCVII f.

vermag heute natürlich Niemand abzusehen. In Betreff der cimbrischen Halbinsel will ich jedoch anmerken, dass der hier vorherrschenden west-östlichen Windrichtungen halber, sich in dem vergrösserten Wirthschaftshause die alte freie Frontrichtung nicht zu halten vermochte, und dass der heute noch bis Dithmarschen hinuntergreifende 'dänische' Einfluss in manchen Einzelheiten massgebend geworden ist . .

Höchst einfach würden sich freilich alle diese Dinge, denen ich mich nur tastend zu nähern wage, vom Standpunkte Erhardt's aus darstellen. Letzterer steht eben noch ganz auf derselben Stufe, auf der ich und mit mir Andere 1874 auch standen, als wir noch nichts weiter kannten, als das sächsische und das fränkische Haus und es für möglich hielten, das eine aus dem anderen abzuleiten. Seitdem ist nun aber ein immerhin beträchtliches Forschungsmaterial in die Discussion hineingezogen, aus dem ein Jeder ein Gefühl von der mannigfach gearteten Individualität desselben bekommen, sowie die nöthige Schonung der Eigenthümlichkeiten hätte erlernen können. Davon ist aber bei Erhardt wenig zu spüren. Nachdem er sich für seine 'historische Betrachtung' auf das sächsische, fränkische und nordische Haus beschränkt hat, wird es ihm nicht mehr schwer, das sächsische, als den vollkommensten Repräsentanten der 'giebelförmigen Bauart', zugleich auch als das urgermanische an die Spitze zu stellen. Wie oberflächlich er dabei operirt, zeigt der Umstand, dass ihm die von mir oben und im deutschen Hause a. a. O. angeführte Eigenthümlichkeit der östlichen Gruppe des oberdeutschen Hausstiles sofort 'ein höchst wichtiges Argument' wird für 'die Entwickelung der fränkischen Bauart aus einem älteren, von ihr verschiedenen Typus', so dass wir uns seiner Ansicht nach 'nur die Frage vorzulegen haben, ob wir als solchen den nordischen oder den sächsischen zu betrachten haben'. Ja, wenn es damit gethan wäre! Und was er nun von eigenen Argumenten vorbringt, ist nur noch mehr geeignet, unser Erstaunen über seine Unbesonnenheit wachsen zu lassen. Zwei Umstände sollen 'von vornherein für den sächsischen und gegen den nordischen Stil sprechen, einmal der geographische Zusammenhang (das kann doch nur heissen, weil das sächsische Haus in der Mitte liegt, das nordische nördlich, das fränkische südlich davon), sodann die noch häufig auch beim fränkischen Hause hervortretende Vereinigung der Viehställe mit dem Wohnhause. Aber woher wissen wir denn in aller Welt, dass jene Vereinigung die ursprüngliche sein muss? Kann nicht mit demselben Recht, und vielleicht einem noch grösseren, auch das Umgekehrte angenommen werden? Oder können nicht beide neben einander als alt und ursprünglich gelten? Solche Argumente führen uns zu nichts, als höchstens ins Blaue hinein. Freilich muss für Erhardt nochmals die vielcitirte und öfter missbrauchte Stelle des Tacitus in der Germania Kap. 20 herhalten: 'In omni domo nudi ac sordidi in hos artus, in haec corpora quae miramur excrescunt... dominum ac servum nullis educationis deliciis dignoscas: inter eadum pecora, in eadem (nicht eodem, wie E. citirt) humo degunt, donec aetas separet ingenuos'. Natürlich war auch mir diese Notiz nicht unbekannt, aber ich habe sie nicht herbeigenöthigt, weil ich mir sagte, dass sie im Grunde auf jede Anlage passe, bei der Menschen und Hausthiere mehr oder weniger eng zusammenleben. Auch hat Baumstark bereits in seiner Erläuterung der Germania S. 652 dieselbe Auffassung seitens eines anderen Gelehrten mit einem lakonischen 'Habeat!' völlig zutreffend gewürdigt.

Ebenso willkürlich verwerthet Erhardt aber nicht bloss hier, sondern auch anderwärts die Germania. In seiner Schrift 'Älteste germanische Staatenbildung' (Leipzig 1879) S. 33 Anm. heisst es: 'Überhaupt bin ich der Ansicht, dass Einzelhöfe zur Zeit des Tacitus die Dorfansiedlung eher überwogen; jedenfalls sind seine Worte „colunt discreti ac diversi, ut fons, ut campus, ut nemus placuit" ein Beweis dafür, dass man factisch zu seiner Zeit sehr viele Einzelhöfe fand'. Ich bedaure, aus den angeführten Worten Nichts dergleichen herauslesen zu können. Was heissen denn dieselben? Doch nur 'Sie wohnen, sind angesiedelt', dis-creti 'auseinandergesondert' [d. h. nicht dicht zusammenliegend und unmittelbar zusammenhängend, wie in den 'inter se iunctae sedes' der italischen Städte] ac di-versi 'und auseinander gewendet, nach verschiedenen Richtungen gekehrt' [d. h. mit verschiedener, beliebiger Front, so dass die Vorderseite der einen Anlage dahin gerichtet sein konnte, wohin vielleicht die andere mit ihrer Rückseite lag], je nachdem eine Quelle, Feld oder Wald ihnen zusagte'. Die Einzelhöfe der westfälisch-sächsischen Art werden mit diesen Worten durchaus nicht gekennzeichnet, sondern nur eine lockere und unregelmässige, ganz in persönliches Ermessen gestellte Ansiedlungsweise, wie sie z. B. noch heute in alten fränkischen und alemannischen Dörfern am Rheine in entsprechender Weise vorhanden ist (DH. S. 22).

Aehnlich würde ich mich auch mit den meisten übrigen Einzelbemerkungen Erhardt's auseinanderzusetzen haben, doch übergehe ich sie, da an ihnen kein weiter reichendes Interesse hängt. Nur möchte ich mich gegen ein Missverständniss noch verwahren: E. behauptet mehrfach, dass ich das nordische Haus als d i e älteste und ursprünglichste Hausform betrachte, und dass ich die übrigen Stile z. B. den fränkischen aus demselben abzuleiten bestrebt sei. Dies ist aber nicht der Fall. Ich habe das nordische Haus überall nur aus dem altnordischen, das ostgermanische aus dem ostgermanischen (S. 119), das oberdeutsche aus einer — sei es nun falsch oder richtig — reconstruirten, altoberdeutschen Grundlage, das sächsische und friesische aus einer älteren sächsischen oder friesischen herzuleiten gesucht, die letzteren gemeinsam höchstens 'in beschränktem Sinne' aus einer gemeinsamen westgermanischen Grundlage (S. 153), was ich jetzt allerdings vermeiden würde. Aber weiter bin ich nicht gegangen, sonst wäre ich wiederum in denselben Fehler verfallen wie früher. und wie Erhardt überall.

Trotzdem bin ich E. für die Berichtigung eines Citates (ὕλαι δεἰδενδροι statt ὅλαι .. δὲ ἔνδενδροι S. 4) zu Danke verpflichtet. Da damals die neue Ausgabe des Herodianus von Mendelssohn (Leipzig 1883) noch nicht erschienen war, so blieb ich in der That auf die früheren Ausgaben angewiesen. Ob mein Citat aber wirklich aus einer älteren, von mir benutzten Edition herstammt, vermag ich jetzt nicht mehr zu verificiren. Wahrscheinlich ist die Verderbniss durch die häufigen Umschriften hineingekommen, vielleicht unter dem Einfluss von Baumstarks Erläuterung der Germania I S. 566, der die Stelle ebenso wie ich citirt, was ich hiermit gleichfalls berichtigen will.[1] In Betreff der Stelle des Priscus wird Erhardt gut thun, sich noch etwas in Geduld zu fassen. Wer selber in der philologischen Interpretationskunst noch so wenig fest ist, thäte besser, mit seinem kritischen Verdict zu warten, bis er etwas Einleuchtendes vorzubringen hat. Ich habe die schwierige Stelle keineswegs, wie Recensent sehr zuvorkommend annimmt, durch eine 'leichter Hand vermittelnde Interpretation' zu heilen oder vielmehr zu 'umgehen' gesucht. Ich habe sie redlich hin und her gewendet, und ich habe überdies, um noch sicherer zu gehen, eine, wie ich glaube, anerkannte philologische Autorität zu Rathe gezogen, welche meiner Auffassung durchaus beipflichtete. Vielleicht gelingt es Jemand, eine befriedigendere Lösung zu finden, als es mir beschieden war. Ich werde die bessere Erkenntniss mit Freuden begrüssen. Aber in dem von den Editoren eingesetzten κύκλους vermag ich allerdings noch nicht die gewünschte Heilung zu erblicken. Und der Gedanke an die von mir nachgewiesenen altdeutschen Pfahlgestelle ist E. vollends zur Unzeit in den Kopf gekommen.

Ich habe diese Auseinandersetzungen nicht gemieden, um meinerseits wenigstens gegen die in einer angesehenen

---

[1] Dagegen gehört es wieder zu denjenigen Uebertreibungen, an die uns E. schon hinreichend gewöhnt hat, wenn er a. a. O. fortfährt: 'Schlechte, ja überhaupt nicht citirbare Ausgaben benutzt H. leider auch sonst bei seinen Ausführungen (!) aus alten Schriftstellern'. Damit soll doch nicht etwa die treffliche Ausgabe des Priscus von Niebuhr gemeint sein, auf welcher alle späteren fussen? Dass ich aber, obwohl ich jene citire, die übrigen dennoch eingesehen habe, dürfte aus meinen Erörterungen am Ende auch noch zu entnehmen sein. Und da ich sonst, so weit ich sehe, in üblicher Weise nach Büchern und Kapiteln citire, so ist es für die Kritik absolut irrelevant, wenn ich z. B. für eine ganz sichere Stelle des Socrates a u s s e r d e m auf den betreffenden Band der Patrologie (1859) hinweise, zu welcher der Zugang überall leicht zu finden ist, und nicht etwa noch auf die Ausgaben resp. Abdrücke von Hussey oder Bright.. Aber E. liebt eben die viel- und nichtssagenden Wendungen..

Zeitschrift veröffentlichte, zuversichtlich auftretende, aber nicht entsprechend fundirte Kritik Einsprache zu erheben, damit sie nicht dazu beitrage, die mühsam geförderte Sache wiederum um einige Schritte rückwärts zu bringen. Vielleicht darf ich auch hoffen, dem Herrn Rec. auf dem Gebiete der germanischen Urgeschichte noch öfter zu begegnen, aber, wenn ich nach seiner 'germanischen Staatenbildung' urtheilen darf, vielleicht nicht immer in zustimmendem Sinne. Und da möchte ich denn allerdings den Wunsch nicht unterdrücken, dass er dem Material künftighin etwas mehr Umsicht und Schonung entgegenbringen lerne, dass er sich bestreben möge, die Dinge und Nachrichten thunlichst in demjenigen Zusammenhange zu lassen, in dem sie selber sich darstellen, dass er sie zuvor in ihrer Sonderexistenz zu begreifen versuche, ehe er mit seinem rasch construirten Schema und ohne genügende Kenntniss der Thatsachen gegen dieselben vorgeht.

Doch kann ich diesen Excurs nicht abbrechen, ohne auch die kurze Anzeige Weinholds in Behaghels und Neumanns Literaturblatt 1882 Nr. 11 zu berücksichtigen, obwohl sie zu sachlichen Bemerkungen weniger Anlass gibt, da sie die eigentliche Untersuchung nirgends aufnimmt.

W. scheint zunächst genauere Aufklärungen zu vermissen über das Verhältniss meiner Schrift zu 'dem einige Monate früher ausgegebenen Vortrage des G. R. R. A. Meitzen.. worin sich Auffassungen und Behauptungen finden, die uns auch bei H. begegnen'. Er hält es für nöthig, ausdrücklich hervorzuheben, dass er 'keinen Grund habe, meiner Versicherung zu misstrauen', dass meine Arbeit als eine völlig selbständige aufzufassen sei, und leitet das Übereinstimmende aus den gemeinsamen Gesprächen über dasselbe Thema her.

Zu meiner Entschuldigung darf ich wohl anführen, dass ich es in der That für ebenso überflüssig wie Meitzen hielt, meinen speciellen Antheil ausdrücklich zu bezeichnen. Denn im Grunde ist das Material ja für einen Jeden vorhanden, und es will nicht viel verschlagen, wenn der Eine etwas früher als der Andere den Zugang zu bestimmten Theilen desselben eröffnet. Trotzdem bin ich sehr gerne erbötig, auch diesen Punkt noch aufzuhellen. Ich hatte lange nach einem brauchbaren Material aus Skandinavien, von dem ich eine besondere Ursprünglichkeit erhoffte, ausgeschaut, bis mir endlich in Kopenhagen die eingehende Abhandlung von Eilerdt Sundt im Folkevenen, der weder in Berlin noch sonstwo in Deutschland aufzutreiben war, in die Hände fiel. Die mir von Dr. Jessen mitgetheilte Schrift von Hannibal Hoff, sowie die 1879 neu erschienene Publication von Mandelgren traten alsbald vervollständigend hinzu. Hieraus wurde es mir möglich, den nordischen Stil schon bis in seine einzelnen Spielarten hinein kennen zu lernen, und die in der That merkwürdige Verwandtschaft desselben mit den ostdeutschen Typen zu beobachten, welche ich nicht nur an den in Meitzens Werk 'Der Boden' etc. mitgetheilten Exemplaren, sondern auch, durch einen freundlichen Hinweis von Herrn Professor Jagić, an den noch ursprünglicheren polnischen Häusern studiren konnte. Die Combination beider Typen schien mir fast nicht von der Hand zu weisen, um so weniger, da sich auch eine weitgehende Uebereinstimmung mit dem altgriechischen Hause ergab (vgl. Meitzen S. 17 Anm.), das sich in seiner einfachsten Grundlage aus den Homerischen Gedichten und den ältesten Tempelbauten reconstruiren liess. Dieser gesammte Stoffkreis war für mich bereits in derjenigen Weise abgeschlossen und niedergeschrieben, wie er in meiner Schrift steht, als ich von dem Allen Herrn Geheimrath Meitzen Mittheilung machte. Ebenso wie allen übrigen deutschen Forschern lag ihm die nordische Bauart damals vollkommen fern, und über meine daran geknüpften Combinationen war er einigermassen erstaunt. Erst nachdem ich aus den Blättern ersehen, dass auch für ihn grade diese Fragen mehr in den Vordergrund getreten waren, obwohl in etwas modificirter Weise, nahm ich meine Arbeit wieder zur Hand und brachte sie rasch zum Abschluss.

Was nun die Ansichten und das Referat von Weinhold anlangt, so berichtet er über die Scheidung der Typen in folgender Weise: 'H. vereinigt die dritte Meitzen'sche Gruppe (die schweizerische) mit der fränkischen', äussert sich dabei aber nicht, ob er dies für falsch oder richtig hält. Thatsächlich ergibt sich jedoch aus dem inzwischen vollständiger angewachsenen Material, welches besonders Gladbach[1] vorgelegt hat, mit noch grösserer Deutlichkeit, dass die schweizerische Bauart nicht nur ganz eng mit der oberdeutschen zusammenhängt, sondern dass sie auch speciell an die einfacheren Typen des alemannischen Hauses sich anlehnt. Und dasselbe was von dem Schweizer, gilt in entsprechend modificirter Weise auch von dem Tyrolischen Bauernhause, trotz der in demselben in der Regel befolgten Dreigliedrigkeit der Anlage. Denn wie die letztere sich aus der älteren Raumeintheilung entwickelt hat, zeigt ein in der Nähe von Gossensass, im Pflertschthale gelegenes, sehr alterthümliches Gebäude[2] in anschaulicher Weise.

In Betreff der dänischen Bauart verfällt W. sodann in denselben Fehler wie Erhardt, indem er fortfährt: 'bildet aus der anglischen und der dänischen Bauart, die jede für sich **keine besondere Gattung** darstellen und unter sich nur geographische Nachbarschaft haben, eine besondere Abtheilung', worüber ich auf meine obigen Ausführungen verweisen kann; 'und', so schliesst W., 'trennt sodann die nordische und die ostdeutsche Klasse, welche M. weit consequenter vereinigt'.

'Weit consequenter' — vielleicht; aber vielleicht auch etwas unhistorischer, darf ich wohl hinzufügen, da, wie soeben bemerkt, ein guter Theil dieses Vorwurfes auch mich trifft. In einer Darstellung, welche die ersten Grundlinien zu ziehen hatte, war es Angesichts der an jenem Orte dargelegten Umstände sicherlich berechtigt, auf die weitgehende Uebereinstimmung aufmerksam zu machen. Und zunächst musste man sich auch versucht fühlen, eine solche an Identität grenzende Uebereinstimmung zwischen der Bauart zweier Gegenden die durch so manche in alter Zeit geknüpfte, obwohl später gelockerte Fäden verbunden sind, aus einem gemeinsamen Ursprung zu erklären. Aber neben diesem

---

[1] Der Schweizer Holzstyl in seinen cantonalen und constructiven Verschiedenheiten. Zürich 1882. 2º. Sowie die zweite, vermehrte Auflage seiner Holzarchitectur der Schweiz. Zürich 1885.
[2] Zeitschrift für Ethnologie 1883, Taf. II. Fig. 3—5.

Gesichtspunkte wird man dennoch den anderen nicht ausser Acht lassen dürfen, und die Möglichkeit einer an die slavischen Besiedler gebundenen Constructionsweise wenigstens nicht für ausgeschlossen halten. Jedenfalls wird eine separirte Betrachtung beider Stile vor der Hand noch nützlicher sein, als ihre allzu rasche Vereinigung. Doch liegt auch die letztere keineswegs in W.'s Absicht, der jenem Zusammentreffen überhaupt keine Bedeutung beimisst, worin er ja möglicher Weise Recht haben kann. Nur würde man zur Wiederlegung gerne etwas kräftigere Gründe wünschen; denn es scheint mir über as Mögliche hinauszugehen, wenn W. noch in denjenigen östlichen Gegenden, deren wirthschaftliche Verhältnisse durch die spätere Colonisation von Grund aus umgestaltet wurden, urgermanische Häuser verlangt. Und den anderen Einwand in Betreff der Ausdehnung dieser Bauart, habe ich, was W. übersehen zu haben scheint, S. 52 bereits, soweit es thunlich war, beantwortet.

Im Uebrigen geht W. noch auf mehrere Einzelheiten ein. Er constatirt, dass ich einen nahen Zusammenhang anzunehmen geneigt bin zwischen den alten Holzkirchen und der sonstigen volksthümlichen Baukunst, auf den übrigens nicht ich zuerst, sondern schon mehrere Gelehrte vor mir hingewiesen (Kugler, Hannib. Hoff, vgl. S. 96) und ihn zum Theil mit ausführlichen Erörterungen gestützt haben. Er lässt mich dabei aber Dinge sagen, die mir in Wirklichkeit vollkommen fern lagen, obwohl er sie durch Citat der Seitenzahlen anscheinend urkundlich belegt. Auf S. 88 meiner Schrift soll ich behauptet haben, dass jene Holzkirchen 'dadurch entstanden seien, dass Thurm und Apsis an das gewöhnliche vandilische Bauernhaus angefügt wurden'. Von einer solchen Procedur steht bei mir nirgend ein Wort. Ich mache an der angeführten Stelle lediglich die Bemerkung, dass eine bestimmte ungarische Holzkirche, wenn man derselben Thurm und Apsis fortnehme, eine 'ganz entsprechende Physiognomie' darbiete, wie ein bestimmtes auf derselben Ansicht abgebildetes Bauernhaus. Die Entstehung interpretirt Weinhold erst hinein. Denn 'Physiognomie' pflegt doch gerade den äusseren Eindruck im Gegensatz zu dem inneren Wesen eines Dinges zu bezeichnen, in diesem Falle also zu der inneren Hausanlage, welche überall das Hauptkriterium abgeben muss. Dass ich aber in Betreff der ganz entsprechenden Physiognomie vollkommen im Rechte war, davon hätte W. sich mit leichter Mühe überzeugen können. Wenn das angeführte Exemplar schon in Betreff des hohen spitzen Giebeldaches unmittelbar zum Vergleiche herausforderte, so bringt das hochgegiebelte Geidler Haus, auf das ich ausdrücklichst verwies, noch weitere Vergleichsmomente mit den Holzkirchen dieser Gegenden hinzu, indem es die eine Giebelseite in derselben charakteristischen Weise gliedert, wie dies mehrfach bei den Holzkirchen (vgl. Fig. 54) der Fall ist: zu oberst die eigenthümliche Dachnase, das 'Thürmel', in der Mitte die gerade herablaufende Bretterverschalung und zu unterst wieder der schmale Streifen eines Schutzdaches. Auch dass die Vorhalle von Fig. 53 eine andere sei wie diejenige des Wohnhauses (vgl. z. B. Grueber, Das deutsche und slavische Wohnhaus in Böhmen Taf. 2. 6. 7), wird W. schwerlich behaupten können. Ferner sind die auf das Dach gesetzten Thürme oft genug mit den kleineren Thürmen der Bauernhäuser identisch. Endlich gleicht auch das Thor, das auf Fig. 54 in den Friedhof hineinführt, völlig den bekannten Thorgestellen der Bauernhöfe. Und diese Berührungen würden sich zweifellos bei genauerer Kenntniss des Materials noch vermehren lassen. Somit durfte ich vielleicht von dem nahen Zusammenhange zwischen der Construction des Bauernhauses und der Holzkirche sprechen. Denn wenn wir die angeführten Berührungen summiren, was bleibt dann von der Kirche noch übrig, als das hohe Hallenhaus mit der Apsis? Und wenn man ferner die skandinavischen Holzkirchen, mit denen die ostdeutschen unverkennbare Berührungspunkte darbieten, als Nachbildungen der altnationalen Hallenbauten und der heidnischen Tempelhöfe auffassen konnte, so wird man auch ohne grossen Schaden bei den ostdeutschen an dieselben Hallenbauten erinnern dürfen [1]. Doch liegt im Grunde wenig daran, ob man diesen letzteren Schritt noch mitmachen will oder nicht.

---

[1] Bei dem Satze 'Aehnlich wie jetzt diese Kirchen, hochgezimmert und weithin sichtbar, innerhalb ihres Hofes und der herumlaufenden

In Betreff der eben erwähnten Thürme gestattet sich Weinhold wiederum eine ähnliche Ungenauigkeit. Ich bemerke S. 94 in einem später eingeschobenen Passus: 'Diese germanischen Kirchen- und Hausthürme verdienen eine eingehende Untersuchung. Wieweit bei ihnen fremdländische Beeinflussung im Spiele gewesen, mag hier dahingestellt bleiben. Jedenfalls haben sie aber in Deutschland noch eine eigene Geschichte, welche der lokalen Formentwicklung den freiesten Spielraum gelassen hat. Ueberdies liegen bereits alte nationale Traditionen vor', und nun sammle ich die hauptsächlichsten Zeugnisse für Thurmbauten aus altgermanischer Zeit (vgl. auch S. 123). W. recapitulirt diese Bemerkungen folgendermassen: 'Bei dieser Gelegenheit finden wir auch S. 94 den Satz, dass diese verschiedenen germanischen Kirchen- und Hausthürme mit alter nationaler Tradition zusammenhängen. Jeder der sich etwas in deutschen Landen umgesehen hat, kennt zwar den mannigfachen Stil der Thurmspitzen. Er wird sich aber bei einiger Besonnenheit wohl hüten, diese .. Thürme in das germanische Alterthum hinaufzuphantasiren, sondern sich sagen, dass hier verhältnissmässig junge Moden vorliegen' etc. Ich bedaure, mich dieser Sünden nicht schuldig erachten zu können. Denn man findet bei mir weder den beregten 'Satz', noch auch den Sinn desselben, wenn man ihn nicht durchaus herauslesen will. Ich habe mich wohl gehütet, eine Meinung darüber zu äussern, wie weit wir mit den heutigen Thurmarten in die früheren Jahrhunderte zurückrechnen können, sondern lediglich Zeugnisse dafür beigebracht, dass man schon von alter Zeit her in Germanien Thürme baute, von denen ich ausdrücklich hervorhob, dass ich über ihre Beschaffenheit durchaus nichts wisse. Hier ist das Phantasiren also nicht auf meiner, sondern auf einer andern Seite.[1]

Umzäunung mit dem alten Eingangsthore dastehen, lagen auch schon die alten heidnischen Hallen und Tempelhöfe da' (S. 97), rechnete ich allerdings darauf, dass dem Germanisten unwillkürlich die klassischen Verse der Völuspá Str. 6. 7 einfallen würden: 'Hörg ok hof hátimbruðu .. tefldo í túni', welche ich mit jenen Worten wesentlich nur umschrieb.

[1] Auch Erhardt S. 499 schreckt nicht davor zurück, mir aufzu-

Trotzdem kann ich versichern, dass ich nicht so blindlings in diese Dinge hineingetappt bin, wie W. anzunehmen scheint. Zwar bin ich nicht so weit 'in deutschen Landen herumgekommen', aber ich habe doch gelegentlich einer geplanten Untersuchung über die germanischen Dorfanlagen Alles, was ich von europäischen Städteansichten in Berlin auftreiben konnte, durchgemustert, denn in den Strassenzügen der heutigen Städte sind häufiger noch die alten Dörfer markirt : und auf Grund der aus diesem Material gewonnenen Anschauungen, glaubte ich zu der angeregten Untersuchung auffordern zu dürfen. Obwohl ich nun dies Material hier nicht mehr in entsprechender Weise zur Hand habe, und W. solchen Untersuchungen abhold zu sein scheint, möchte ich dennoch wenigstens hinzufügen, wie ich mir dieselben dachte. Wenn wir nämlich das Verbreitungsgebiet der mehr oder weniger an ein bestimmtes Lokal gebundenen Thurmarten feststellen, dabei immer auf die ältesten noch vorhandenen Vertreter achten, und zugleich observiren, ob und nach welcher Richtung hin dieselben im Auslande eine Anknüpfung finden, so wird sich manche interessante Thatsache ergeben, welche mit den Sammelnamen 'romanisch' und 'gothisch' wenig zu thun hat, sondern zum Theil — und mehr habe ich niemals behauptet — unserer Erkenntniss des älteren, mehr volksthümlichen Baustiles zu Gute kommt, aus dem sicherlich, — was auch noch aus constructiven Gründen sich wird erhärten lassen, — mehr in die allgemeine und so zu sagen höhere Gattung hinübergeflossen ist, als man bisher erwogen hat. Zu diesen noch zu untersuchenden, charakteristischen Thurmarten rechnete ich sog. die bajuvarischen Zwiebelthürme, welche übrigens auch ausserhalb von Deutschland nachweisbar sind; weiter

---

bürden, dass ich 'die Thürme der Veleda', ich weiss nicht, mit welchem alten Kirchthurm in 'Vergleichung' gestellt haben soll, wo ich mein Nichtwissen, das sich überdies von selber verstand, zum Ueberfluss noch positiv hervorhob. Ueber das gothische kelikn ($\pi\acute{\upsilon}\varrho\gamma o\varsigma$, $\acute{\alpha}\nu\acute{\alpha}\gamma\alpha\iota o\nu$) das ich a. a. O. noch für ein Wort von ungewisser Herkunft hielt, möchte ich hier nachtragen, was ich damals übersah, dass Becker in demselben ein altes Lehnwort aus dem keltischen CELICNON nachgewiesen hat (Kuhn's Beiträge für vgl. Sprachforschung IV, 136 ff.).

die überaus schlanken und hohen, nadelartig spitzen Thürme wie Figur 53, welche in ganz Burgund ebenso althergebracht sind, wie im südlichen Schweden (vgl. Antiquarisk Tidskrift for Sverige I Taf. 4. 8. 17) und vielleicht noch anderswo; ferner das Arrangement von Figur 53, das sich ebenso wie im ungarischen Kolonistenlande z. B. bei alten rheinischen Stadtthürmen vorfindet. u. A. m. Jedenfalls ist hier eine fast intacte wissenschaftliche Materie, deren Durchforschung unsere Kenntniss der mittelalterlichen oder frühmittelalterlichen Thatsachen bereichern wird, eine Materie, welche der Kunsthistoriker nicht vernachlässigen und der Germanist nicht verachten sollte.

Wie weit wir durch eine sorgfältig geführte Untersuchung über die ältesten, wirklich vorhandenen Vertreter der einzelnen Gattungen hinauskommen können, möge als Beispiel die von mir S. 21 besprochene Thoreinrichtung lehren. Sie gehört bei den fränkischen Höfen zu den allertypischten Merkmalen, so dass wir sie für diese Gegenden als eine altherkömmliche betrachten müssen. Auf ihr hohes Alter fällt aber sofort ein helleres Licht, wenn wir gewahren, dass dieselbe ebenso eingebürgert auch in Siebenbürgen ist (selbst beim Szekler-Hause, nach Schröer. Katalog der Wiener Ausstellung S. 25). Ein verdienter Lokalforscher, J. Wolff, wiederholt in seiner Schrift 'Unser Haus und Hof' (Kronstadt 1882) S. 52 meine Beschreibung und fährt fort: 'Kein Siebenbürger wird sagen: es sei in diesen Zeilen auch nur ein einziges Wort unrichtig; dafür kann ich ihm bekennen, dass ich die beiden letzten Sätze fast wörtlich aus einem deutschen Buche abgeschrieben habe. R. H. beschreibt mit ihnen den rheinfränkischen Thorbau, ich wiederholte sie, weil ich für das siebenbürgische Ebenbild des fränkischen Thores keine neuen Worte suchen wollte'. Nach Siebenbürgen kann dies Ebenbild aber, wie auch Weinhold wird zugestehen müssen, nur durch die alte Kolonisation des Landes gekommen sein. Und unsere Zuversicht, dass wir es in der That mit einer verhältnissmässig alten germanischen Einrichtung zu thun haben, wird noch verstärkt, wenn wir dieselbe Anlage, auf die der fränkisch-siebenbürgische Thorbau zurückgeht, auch in der Umfassung der alten Holzkirche von Syrin in Oberschlesien vom Jahre 1305 (Fig. 54), sowie ganz entsprechend als Eingang eines alten Bornholmer Kirchhofes oder neben einem Altländer Bauernhause (Allmers, Marschenbuch S. 286, DH. S. 91) wiederfinden.

Eine solche Art der Untersuchung wünschte ich durch den kurzen Passus über die lokale Verbreitung und das Alter der Thürme anzuregen. Ich weiss nicht, ob Weinhold sie mit einschliessen wird in die von ihm verdammte 'Lust, die vergleichende Manier der Linguisten auf das antiquarische Gebiet zu übertragen', vor der 'eine ruhige historische Methode' sich zu hüten habe.

Worin aber besteht denn die von ihm gerühmte historische Methode? Er sagt es selber: 'Auszugehen haben diese Untersuchungen über die Geschichte des deutschen Hausbaues von der 'Urzelle'.. d. h. von dem Raum, welchen das einfachste Bedürfniss fordert, worin der Herdstein stand und die Familie Obdach und Schlafstätte fand. Die Entwickelung wird dann ... durch die Verbesserungen der Feuerstätte und der Rauchleitung einerseits, durch die veränderte Lichtöffnung andrerseits gegeben'. D. h. Weinhold verlässt sofort den Boden der noch nachfindbaren Thatsachen; um dafür ein nach subjectivem Ermessen construirtes Gebäude aufzurichten. Solche 'Untersuchung' brauchen wir, glaube ich, für die älteren Perioden am Wenigsten. dieselbe hat für alle Völker bereits Viollet le Duc geliefert, in seinem sinnvollen, aber leider unbrauchbaren Werke 'Histoire de l'habitation humaine'. Und für das 16. und 17. Jahrhundert würden ohne 'Vergleichung' und gegenseitige Erhellung auch die massenhaftest aufgespeicherten Notizen todt und stumm verbleiben.

Aber Weinhold meint es in jener Recension offenbar nicht sonderlich genau nehmen zu sollen. Er spricht ebenda ganz richtig von den erforderlichen technischen Kenntnissen und weiter von dem 'Lehfeldtschen Buch', 'das von H. merkwürdiger Weise neben Sempers Buch über den Styl gestellt wird (S. 165 f.)'. Jeder der Weinholds Worte liest, muss natürlich glauben, dass ich beide als gleichwerthige Autoren behandelt hätte, während das gerade Gegentheil der Fall ist.

Ich nenne Seite 116 Gottfried Semper 'die berufenste Autorität in allem was Stilbetrachtungen anlangt', und Seite 6 Anm. ist mein Urtheil über Lehfeldt deutlich genug zu lesen. An der incriminirten Stelle aber besteht die von mir verübte Merkwürdigkeit in folgender Anmerkung: 'Semper, Der Stil II S. 284 f. Lehfeldt, Die Holzbaukunst S. 23 f. 131 f.', so dass es fast den Anschein hat, als ob von W. die räumliche Nebeneinanderstellung beider Namen in derselben Anmerkung gemeint sei, welche doch sonst noch keine Werthschätzung zu involviren pflegt. Wenn aber Weinhold etwas genauer zugesehen hätte, so würde er alsbald auch den guten Grund jener Nebeneinanderstellung erkannt haben, er würde gesehen haben, dass Sempers Buch hier in der That nicht ganz ausreicht, und dass Lehfeldt vor der Hand verschiedene Lücken desselben ausfüllt. Wodurch sollte ich denn nun Lehfeldt das geringere Mass meiner Verehrung beweisen? Etwa dadurch, dass ich ihn ausschrieb, ohne ihn zu citiren? Ich wüsste wirklich nicht, was sonst übrig bliebe.

Ein ungetreuer Berichterstatter bleibt W. aber auch in den äusserlichsten Kleinigkeiten. Zum Schluss bemerkt er: 'Das Buch H.'s ist mit 64 Holzschnitten geschmückt, theils Grundrissen, theils Ansichten von Haus- und Hofbauten. Dieselben sind mit Ausnahme von Figur 6 Wiederholungen bereits bekannter, zum Theil oft veröffentlichter Zeichnungen'. Dass ausser Figur 6 auch Figur 7, 8 und 10 nicht veröffentlicht waren, schien W. in diesem Zusammenhange augenscheinlich nicht der Anführung werth......

Hier würde ich nun naturgemäss anzureihen haben, was ich selber an meiner Schrift zu verbessern und zu vervollständigen habe. Doch ist dasselbe so Mancherlei und so Verschiedenartiges, dass ich es augenblicklich, unter anders gewendeten Arbeiten, nicht erledigen kann. Hoffentlich wird einmal eine Neubearbeitung mir dazu Gelegenheit bieten. Vor der Hand gehört eine Reihe mehr monographischer Mittheilungen zu den dringenderen Bedürfnissen. Niemand würde sich mehr freuen wie ich, wenn die in meinem Buche für das deutsche Haus abgesteckten Räume unterdess mit lauter neuen Thatsachen angefüllt würden. Das Gerüste aber und dasjenige, was mir als die Krönung vorschwebte, werden, wie es scheint, bestehen bleiben. Wenigstens pflegt man jetzt schon mit dem Gefühl von einiger Sicherheit von einem deutschen Hause zu sprechen, während ich mich nur sehr allmählich und sehr schüchtern bis zu dieser Anschauung und bis zu dem Titel meiner Schrift durchgearbeitet habe. Nur zwei Baustile pflegten in Betracht zu kommen, und diese beiden wurden zum Theil grade von den angesehensten Gelehrten auf fremde Einwirkungen zurückgeführt. Das fränkisch-oberdeutsche Haus wurde an antike, das Schweizerhaus vermuthungsweise an keltische,[1] das sächsische an speciell römische Muster und theilweise an das griechische Haus angelehnt. So erschien der eigentliche, volksthümliche Charakter derselben durchaus in Frage gestellt. Erst die Durchforschung aller germanischen Gebiete und die Vergleichung der verwandten Typen liess, wie ich glaube, mit Deutlichkeit hervortreten, dass wir es durchweg mit alteinheimischen Entwickelungen zu thun haben. Die erdrückende Parallele der übrigen deutschen Stilarten, welche wir meistens bis auf sehr primitive Stufen zurückverfolgen können, wird immer wieder erhärten, dass speciell das sächsische Bauernhaus weder das Recht hat, als Repräsentant des altgermanischen Hauses überhaupt, noch als Ableger des antiken Wohnhauses betrachtet zu werden. Die letztere Annahme als eine irrige zu erweisen, war vor Allem der Zweck meiner ersten Abhandlung, welche überdies für das als vorbildlich verwerthete homerische Haus eine andere Anknüpfung oder Parallele — wie man es nun nehmen will — herzustellen versuchte in dem mehr übereinstimmenden nordischen resp. ostgermanischen Hause. Ich konnte damals nicht ahnen, dass diejenigen Anschauungen, welche ich vertrat, durch die Freilegung der alten Burg von Tiryus in so weitgehendem Masse zugleich bestätigt und überholt werden würden. Die sich mehrenden Entdeckungen werden nun hoffentlich beredter wirken, als wie ich es vermochte, und

---

[1] Semper, Der Stil II, S. 285.

die neuerdings besonders unter dem Einfluss von Nissens weitgreifenden Forschungen an Verbreitung noch gewachsenen Ansichten mit der Zeit wieder zurücktreten lassen, nebenbei aber so vagen Vorstellungen, wie die von Lange 'Haus und Halle' (Leipzig 1885) Seite 33 vorgetragene: 'Der grosse gedeckte Mittelraum mit kleinen Räumen ringsum und einer Dreitheilung der hinteren Wohnzimmer scheint ein gemeinsamer Zug der arischen Völker auf einer gewissen Stufe der Entwickelung gewesen zu sein' — ihrem wohlverdienten Ende entgegenführen.

Strassburg, den 1. October 1885.

ANHANG.

Zur Erläuterung der Verse, welche auf meine Verantwortung hin als eine neue Gabe und als ein freundlich mahnender Geleitschein der Abhandlung über das Friesische Bauernhaus vorangestellt wurden, mögen folgende Mittheilungen aus einem an mich gerichteten Briefe des Herrn Lasius vom 28. Februar 1885 dienen:

'In Betreff des Goethe'schen Erwiederungsverses bedaure ich, lediglich auf mein Gedächtniss angewiesen zu sein, da die jeverschen Freunde, die davon mögen Kunde gehabt haben, längst gestorben sind. Der letzte von ihnen war der 1878 verstorbene Ob. Appell. Ger. Präs. v. Buttel, der sich desselben wohl erinnerte, aber dass er gedruckt sei, bezweifle ich, obwohl der Dichtergreis nicht gern auch die kleinsten Blüthen verloren gehen liess. Davon konnte eben jener Herr v. Buttel mehrfache Proben aufweisen. Derselbe fand 1823 fast gleichzeitig mit mir eine Anstellung in Jever; und da er nach wohlbestandenem Examen noch einmal nach Berlin zurückgekehrt war, um annoch ein Semester Hegelscher Vorträge mit ins Philisterium hinübernehmen zu können, und er für Hegels Naturbetrachtung schwärmte, so hatte er keine Ruhe, bis er 1824 in Jever eine 'Physikalische Gesellschaft' stiftete... Hier trug er mit Begeisterung Goethes Farbenlehre vor, wobei er an mir, als einem Vertreter Newtonischer Ansichten, einen eifrigen Gegner fand. Etwa 1826 nahm er von irgend einem Punkte Veranlassung, sich an Goethe selbst um Aufklärung zu wenden. Dem alten Herrn lag indessen damals die Farbenlehre ferner, doch ging er höflich, wenn auch ablehnend auf die Frage ein, die er auch mit einem Erwiederungsverse abschloss. Wir fanden später diesen Vers in einer Goethe'schen Gedichtsammlung wieder; er begann mit den Worten: 'Wenn der Blick an heitern Tagen' — ging dann in Betrachtung des Firmamentes über... 'tief königsblau ist Himmelsnähe'.. und schliesst: 'dann gebt der Natur die Ehre' u. s. w. So sehr auch die Goetheforscher, namentlich Hempel im dritten Bande seiner Goetheausgabe, das Auffinden solcher gelegentlicher Gedichtsblüthen durch alphabetische Zusammenordnung der Anfangsworte erleichtert haben, finde ich doch in denselben den obigen Spruch nicht, und führe ich ihn hauptsächlich nur des Zusammenhangs willen hier an, in dem v. Buttels Correspondenz, die sich nicht lediglich auf jenen Punkt beschränkte, und der von 1819 datierende Vers vom Friesenlande mit dem Ideengange stehen dürfte, der sich in Faust's Sterbescene im zweiten Theil zu erkennen gibt, wo es heisst: 'Eröffne ich Räume vielen Millionen, nicht sicher zwar, doch thätig frei zu wohnen'.. bis 'Solch ein Gewimmel möcht ich sehen, auf freiem Grund mit freiem Volke stehen'.

Im Jahre 1819 waren zwei Jeveraner bei Goethe gewesen, hatten ihm Proben von Kupferstich in Aquatinte gezeigt, welches Fach sie in Jever zu bearbeiten gedachten, und dabei von Jeverlandes eigenthümlicher Lage erzählt, worauf sie mit dem früher erwähnten Erwiederungsverse entlassen wurden, den sie triumphirend heimtrugen. Ihr Unternehmen kam nicht zu Stande; des Verses aber wurde zwischen v. Buttel und mir, die wir unausgesetzt in treuer Freundschaft verbunden blieben, oft gedacht und ist in meinem Gedächtnisse Folgendes hängen geblieben: „Und dieses Völkchen sollt ihr billig kennen, das Land wohl kennen, dem es angehört, ... meerumrauscht und stark umwallt.., ein Land von Äckern, Gärten, Wiesen, das Land der alten tapfern Friesen."

Schade dass in meinen 88 Jahren mir Niemand mehr mit einem ergänzend berichtigenden Worte zur Seite steht, denn einzelne Wortversetzungen können auch bei treu festgehaltenem Inhalte leicht vorkommen. Erfahre ich noch etwas, so theile ich es mit.'

Die von Herrn Lasius an erster Stelle erwähnten Verse stehen unter den Zahmen Xenien (Hempel II S. 392):

> Wenn der Blick an heitern Tagen
> Sich zur Himmelsbläue lenkt,
> Beim Sirok der Sonnenwagen
> Purpurroth sich niedersenkt,
> Da gebt der Natur die Ehre,
> Froh, an Aug' und Herz gesund,
> Und erkennt der Farbenlehre
> Allgemeinen, ew'gen Grund!

Nur den Vers

> Tief königsblau ist Himmelsnähe

vermissen wir, obwohl er genau in das Metrum passt. Dass er dennoch echt, und auf einer eigenen Variante des Dichters beruht, dürfte die Stelle im Entwurf einer Farbenlehre, Werke 35 S. 129: 'Auf hohen Gebirgen sieht man am Tage den Himmel königsblau, weil nur wenig feine Dünste vor dem unendlichen finstern Raum schweben', ausser Zweifel stellen.

Von weiter tragender Bedeutung sind dagegen die leider nur in Bruchstücken vorliegenden Verse über Friesland, welche unsere neue Goethegesellschaft hoffentlich noch vervollständigen wird, weil sie in der That sehr deutliche Anklänge an die beiden Stellen im fünften Act der Goetheschen Dichtung enthalten, wo von dem meereindämmenden Schaffen Fausts die Rede ist: nicht nur an Act V, Vers 505—522, sondern auch an V, 41—54. Beide Abschnitte werden zu den 1824/25 abgeschlossenen Theilen des Faust gehören, mithin einige Jahre später fallen als unsere Verse und als die mündlichen Berichte über die friesischen Strandverhältnisse, welche den Dichter zu der Abfassung derselben veranlassten. Ja, man darf wohl die Vermuthung wagen, dass diese neue Scenerie, welche Goethe schliesslich zu der beherrschenden machte, an die Stelle einer älteren getreten ist, deren Überreste in V, 501—504 noch vorliegen und zu dem Folgenden nicht mehr passen. Die Verse:

> Ein Sumpf zieht am Gebirge hin,
> Verpestet alles schon Errungne;
> Den faulen Pfuhl auch abzuziehn,
> Das Letzte wär' das Höchsterrungne.

haben eine südliche Landschaft zur Voraussetzung, und dürften in der Vorstellung an die mythologischen Arbeiten des Hercules anknüpfen,[1] während in den sich daranschliessenden Versen

> Eröffn' ich Räume vielen Millionen,
> Nicht sicher zwar, doch thätig frei zu wohnen:
> Grün das Gefilde, fruchtbar; Mensch und Heerde
> Sogleich behaglich auf der neusten Erde,
> Gleich angesiedelt an des Hügels Kraft,
> Den aufgewälzt kühn-emsige Völkerschaft[2]..
> Da rase draussen Fluth bis auf zum Rand,
> Und wie sie nascht, gewaltsam einzuschiessen,
> Gemeindrang eilt, die Lücke zu verschliessen.

sich sofort eine entgegengesetzte Anschauung ausspricht. Man hat in ihnen auch sonst schon die Abschilderung holländischer Strandverhältnisse anerkannt, an deren Stelle wir nunmehr richtiger diejenigen der friesischen Küsten setzen werden. Und dasselbe gilt von V 41 ff., wo besonders 53. 54.

> Schaue grünend Wies' an Wiese,
> Anger, Garten, Dorf und Wald.

unverkennbar ein deutsches Colorit tragen und an das 'Land von Aeckern, Gärten, Wiesen' deutlich anklingen.

---

[1] vgl. Prellers Griechische Mythologie ²II 198. 214.
[2] Ueber die friesischen, von Menschenhand aufgeworfenen Hügel ältester und neuerer Zeit vgl. Das Deutsche Haus S. 49. 130. 133 und Saxo S. 689 MV.

R. H.

- XXIV. Die Handschriften u. Quellen Willirams, v. Josef Seemüller. M. 2.50
- XXV. Kleinere lateinische Denkmäler der Thiersage aus dem XII. bis XIV. Jahrhundert. Herausgegeben von E. Voigt. M. 4.50
- XXVI. Die Offenbarungen der Adelheid Langmann hrsg. v. Phil Strauch. M. 4. —
- XXVII. Ueber einige Fälle des Conjunctivs im Mittelhochdeutschen. Ein Beitrag zur Syntax des zusammengesetzten Satzes. V. Ludw. Bock. M. 1.50
- XXVIII. Willirams deutsche Paraphrase des hohen Liedes. Mit Einleitung und Glossar herausgeg. von Joseph Seemüller. M. 3. —
- XXIX. Die Quellen von Notkers Psalmen. Zusammengestellt v. E. Henrici. M. 8. —
- XXX. Joachim Wilhelm von Brawe. Der Schüler Lessings. Von August Sauer. M. 3. —
- XXXI. Nibelungenstudien von R. Henning. M. 6. —
- XXXII. Beiträge zur Geschichte der Germanischen Conjugation. Von Friedr. Kluge. M. 4. —
- XXXIII. Wolframs von Eschenbach Bilder und Wörter für Freude und Leid. Von Ludwig Bock. M. 1.60
- XXXIV. Aus Goethes Frühzeit. Bruchstücke eines Commentars zum jungen Goethe. Von W. Scherer. M. 3. —
- XXXV. Wigamur. Eine litterarhistorische Untersuchung v. Greg. Sarrazin M. 1. —
- XXXVI. Taulers Bekehrung. Kritisch untersucht v. Heinr. Seuse Denifle. M. 3.50
- XXXVII. Ueber den Einfluss des Reimes auf die Sprache Otfrids. Mit einem Reimlexicon zu Otfrid. Von Theod. Ingenbleek. M. 2. —
- XXXVIII. Heinrich v. Morungen u. die Troubadours. Von Ferd. Michel. M. 6. —
- XXXIX. Beiträge zur Kenntniss der Klopstock'schen Jugendlyrik. Von Erich Schmidt. M. 2. —
- XL. Das deutsche Ritterdrama des XVII. Jahrhunderts. Studien über Jos. Aug. v. Törring, seine Vorgänger u. Nachfolger. Von Otto Brahm. M. 5. —
- XLI. Die Stellung von Subject und Prädicatsverbum im Heliand. Nebst einem Anhang metrischer Excurse. Ein Beitrag zur german. Wortbildungslehre. Von John Ries. M. 3. —
- XLII. Zur Gralsage. Untersuchungen von Ernst Martin. M. 1.50
- XLIII. Die Kindheit Jesu von Konrad von Fussesbrunnen. Herausgeg. von Karl Kochendörffer. M. 4. —
- XLIV. Das Ausgenge. Eine litter.-hist. Untersuchg. v. E. Schröder. M. 2. —
- XLV. Das Lied von King Horn. Mit Einleitung, Anmerkungen und Glossar von Theodor Wissmann. M. 3. —
- XLVI. Ueber die ältesten hochfränkischen Sprachdenkmäler. Ein Beitrag zur Grammatik des Althochdeutschen. Von Gust. Kossinna. M. 2. —
- XLVII. Das deutsche Haus in seiner historischen Entwicklung. Von Rud. Henning. Mit 64 Holzschnitten. M. 5. —
- XLVIII. Die Accente in Otfrids Evangelienbuch. Von N. Sobel. M. 3.50
- XLIX. Ueber Georg Greflinger von Regensburg, als Dichter, Historiker und Uebersetzer. Eine liter.-histor. Unters. von W. v. Oettingen. M. 2. —
- L. Eraclius. Deutsches Gedicht des XIII. Jahrhunderts. Herausg. von Harald Graef. M. 5. —
- LI. Mannhardt Mythologische Forschungen. Hrsg. von Herm. Patzig. Mit Vorreden von Karl Müllenhoff und W. Scherer. M. 9. —
- LII. Laurence Minots Lieder. Mit grammatisch-metrischer Einleitung von Wilh. Scholle. M. 2. —
- LIII. Der zusammengesetzte Satz bei Berthold von Regensburg. Ein Beitrag zur mittelhochdeutschen Syntax von Hubert Roetteken. M. 2.50
- LIV. Konrads von Würzburg Klage der Kunst. Hrsg. v. Eugen Joseph M. 2. —
- LV, 1. Das friesische Bauernhaus in seiner Entwicklung während der letzten vier Jahrhunderte. Von Otto Lasius. M. 38 Holzschn. M. 3. —
- LV, 2. Die deutschen Haustypen von Rudolf Henning. M. 1. —
- LVI. Die galante Lyrik. Von Max Freiherr v. Waldberg. M. 4. —
- LVII. Die altdeutsche Exodus hrsg. v. Ernst Kossmann. *Unter d. Presse*

Verlag von Karl J. Trübner in Strassburg.

Barack, K. A., Ezzos Gesang von den Wundern Christi und Notkers Memento Mori. Phototypisches Facsimile der Strassburger Handschrift. 4. geb. 1880. M. 4. —

Bergmann, F. W., die Eddagedichte der nordischen Heldensage, kritisch hergestellt, übersetzt und erklärt. 8. VIII, 384 S. 1879. M. 8. —

ten Brink, Bernh., Chaucer. Studien zur Geschichte seiner Entwickelung und zur Chronologie seiner Schriften. I. Thl. 8. 222 S. 1870 M. 4. —

— — — Dauer und Klang. Ein Beitrag zur Geschichte der Vocalquantität im Altfranzösischen. 8°. V, 54 S. 1879. M. 1. 20

Butsch, A. F., Strassburger Räthselbuch. Die erste zu Strassburg ums Jahr 1505 gedruckte deutsche Räthselsammlung. Neu herausgegeben. 8°. pp. X, 38. 1876. M. 4. —

Elsässische Litteraturdenkmäler aus dem XIV.—XVII. Jahrhundert. Hrsg. von Ernst Martin und Erich Schmidt.
   I. Band. Das heilige Namenbuch von Konrad Dangkrotzheim. Mit einer Untersuchung über die Cisio Jani hrsg. von Karl Pickel. 8. VI, 124 S. 1878. M. 3. -
   II. Band. Joseph. Biblische Komödie von Thiebold Gart. 1540 (hrsg. v. Er. Schmidt). 8°. 124 S. 1880. M. 3. —
   III. Band. Das goldene Spiel von Meister Ingold. Hrsg. von Edw. Schröder. 8°. XXXIII, 98 S. 1882. M. 3. —

Kluge, Friedr., Etymologisches Wörterbuch der deutschen Sprache. 3. unveränderter Abdruck. Lex.-8°. M. 10. 50

Kräuter, J. F., Zur Lautverschiebung. 8°. 154 S. 1877. M. 4. —

Müller, Max. Ueber die Resultate der Sprachwissenschaft. Vorlesung, gehalten am 23. Mai 1872 an der kais. Universität zu Strassburg. 3. unveränderte Aufl. 8° 32. S. 1872. M. —, 80.

— — Einleitung in die vergleichende Religionswissenschaft. Vier Vorlesungen nebst zwei Essays über falsche Analogien in der vergleichenden Theologie und über die Philosophie der Mythologie. Zweite Auflage. 8°. pp. V, 353 S. mit dem Porträt des Verfassers. 1876. M. 6. —

Notkers Psalmen. Nach der Wiener Handschrift hrsg. von Rich. Heinzel und Wilh. Scherer. 8°. XI, 327 S. 1876. M. 8. —

Riddarasögur. Parcevals Saga, Valvers Thattr, Ivents Saga, Mirmans Saga. Zum ersten Male herausgegeben und mit einer litterarhistor. Einleitung versehen von Dr. Eugen Kölbing. 8°. pp. LV, 220 S. 1872. M. 7. —

Schaible, K. H., Deutsche Hieb- und Stichworte. 8°. IV, 91 S. 1879. M. 2. —
   Eine Etymologie der deutschen Flüche und Schimpfwörter.

Ungedruckte Anglonormannische Geschichtsquellen. Herausg. von F. Liebermann. 8°. VI, 359 S. 1879. M. 7. —

Urkundenbuch der Stadt Strassburg. I. Band. Urkunden und Stadtrechte bis zum Jahre 1266. Bearbeitet von Wilhelm Wiegand. 4°. XV, 585 S. 1879. M. 30. —

— — III. Band. Privatrechtliche Urkunden und Amtslisten von 1266-1332 bearbeitet von Aloys Schulte. 4°. XLVII. 451 S. 1884. M. 24. —
   Der II. Band erscheint Anfang 1886.

Strassburger Studien. Zeitschrift für Geschichte, Sprache und Litteratur des Elsasses hrsg. von E. Martin und W. Wiegand.
   I. Band. 8°. 1883. M. 12. —
      Inh.: Socin, Die althochdeutsche Sprache im Elsass vor Otfrid von Weissenburg. — Preuss, Studien über Gottfried von Strassburg etc.
   II. Band 1. Heft. M. 2. 50
      Inh.: Thomas Murners Mühle von Schwindelsheim hrsg. von Abrecht u. A, m.
   II. Band 2. u. 3. Heft. M. 5. 50
      Inh.: Mankel, die Mundart des Münsterthales im Elsass u. A, m.
   II. Band 4. Heft. M. 7. —
      Inh.: Schricker, Aelteste Grenzen und Gaue im Elsass. Mit 4 Karten.